다시 시작하는 영어
그래머Grammar

다시 시작하는 영어_그래머 GRAMMAR
70개 회화 표현과 함께 배우는 영문법

초판발행	2020년 8월 10일
초판 1쇄	2020년 8월 10일
저자	김대균
펴낸이	엄태상
기획	한동오
그림	유남영
편집	랭기지플러스 편집부
디자인	진지화
콘텐츠 제작	김선웅, 전진우, 김담이
마케팅	이승욱, 왕성석, 노원준
전략홍보	전한나, 정지혜, 조인선, 조성민
경영기획	마정인, 최성훈, 정다운, 김다미, 오희연
제작	전태준
물류	정종진, 윤덕현, 양희은, 신승진

펴낸곳	랭기지플러스
주소	서울시 종로구 자하문로 300 시사빌딩
주문 및 교재문의	1588-1582
팩스	0502-989-9592
홈페이지	www.sisabooks.com
이메일	book_english@sisadream.com
등록일자	2000년 8월 17일
등록번호	1-2718호

ISBN 978-89-5518-984-1 (13740)

다시 시작하는 영어

그래머

GRAMMAR

랭기지플러스

학교를 졸업한 지 한참 지난 당신에게,

〈다시 시작하는 영어〉

시리즈를 권하며

•

우린 영어를 못하지 않습니다.

이미 상당한 기초 지식을 갖추고 있습니다.

• •

한국식 억양 때문에 영어를 포기할 필요 없습니다.

글로벌 시대에는 다양한 영어가 있습니다.

인도식 영어, 한국식 영어처럼 말이죠.

• • •

유튜브가 아닌 책으로 다시 공부해봅시다.

책상 앞에 앉아 천천히 자신의 속도로

하루 30분만이라도 온전히 집중해서 말입니다.

"우리는 영어를 못하지 않습니다."

대한민국에서 중고등학교까지 정규 교육과정을 마쳤다면 영어 공부를 할 만큼 했습니다. 대입을 앞두고는 밤낮을 바쳐가며 공부했다고 말할 수 있는 사람도 있습니다. 특히 우리는 단어, 문장을 만드는 기본 규칙인 문법을 다른 어느 나라 학생들보다 높은 수준으로 배웠습니다. 규칙, 즉 문법으로 배우는 것은 좋고 나쁘고의 문제가 아닙니다. 외국어를 배울 때 필요한 방법입니다. 특히 모국어 뇌가 굳어진 나이에 외국어를 배우려면, 아기가 말을 습득하듯 배우는 것보다 그 언어의 규칙을 공부하는 게 효율적이라고 할 수도 있습니다.

다만, 머리로 이해한 것을 체화시켜 술술 나오도록 회화 실력을 키울 때는 '문법에 대한 이해'만으로는 되지 않습니다. 무수히 반복되는 듣기와 말하기 연습이 필요하지요. 하지만 문장 구조를 이해할 수 있는 기초인 문법은 듣기, 말하기의 단단한 토대를 만드는 중요한 학습 요소이고, 우린 이미 그 부분에 제법 단련되었던 적(?)이 있습니다. 그랬던 적이 있다고 표현한 이유는, 학교를 졸업하고 사회에 나와 시험을 치르지 않게 되면서 더 이상 들춰보지 않아서 빠른 속도로 잊어버렸기 때문입니다. 입이 떨어지지 않을 뿐, 정확히 들리지가 않을 뿐, 머릿속에서 영어를 이해하는 토대는 이미 제법 잘 만들어져 있습니다. 대한민국 정규교육을 마친 우린 사실 영어를 못하지 않습니다.

"글로벌시대에는 다양한 스타일의 영어가 공존합니다.
한국식 발음, 억양 때문에
영어 학습을 포기할 필요는 없습니다."

한국 영화를 세계에 알린 봉준호 감독, 한국 요리를 세계에 알린 인기 유튜버 망치(Maangchi)의 영어에는 공통점이 있습니다. 그들은 자신이 하고 싶은 말을 쉬운 영어로 거침없이 말합니다. 하지만 발음과 억양은 우리가 익히 기대하는 네이티브 스타일의 영어와 매우 다릅니다. 한국어인지 영어인지 알 수 없는 악센트와 인토네이션이 난무합니다. 그런데 그게 큰 문제가 될까요? 원어민과 비슷한 발음과 억양, 중요합니다. 소통이 훨씬 쉬워지니까요.

하지만, 이미 모국어 뇌가 굳어진 우리가 외국어인 영어를 의사소통 도구로 사용하는 것이 목표일 때는 원어민처럼 되려고 애쓰거나 그러다 좌절하거나 할 필요가 없습니다. 정확한 의미를 전달할 수 있는 단어를 선정하고, 정확한 구조로 만들어 말하는 것이 우선입니다.

글로벌 시대에 영어는 이미 영어권 국가만의 언어가 아닙니다. 전 세계 사람들이 교류하며 영어로 의사소통을 합니다. 인도식 영어가 있고, 한국식 영어가 있습니다. 각 언어별 독특한 억양이나 발음이 녹아든 영어들(?)이죠. 이런 영어도 모두 영어로 인정받고, 오히려 해외에서는 이런 다양한 스타일의 영어를 이해할 필요성을 강조하기도 합니다.

"유튜브가 대세입니다.
그러나 모두에게 유튜브가 답은 아닙니다."

유튜브는 TV만큼 일상화된 미디어입니다. 듣고 따라하며 배우는 '말'의 속성을 생각하면 유튜브만큼 회화 학습에 경제적이고 효율적인 매체도 없습니다.
그런데, 모두에게 유튜브가 답은 아닙니다. 유튜브가 콘텐츠의 바다인 만큼 자신에게 알맞은 내용만 뽑아서 체계적으로 이용하는 게 쉽지 않습니다. 끊임없이 끼어드는 추천 영상들 때문에 샛길로 빠져 시간을 낭비하기 일쑤이고, 자투리 시간을 이용해 짤막한 영상을 보며 학습하는 것만으로 완전히 내 것으로 만들었는지 확인할 수도 없습니다. 특히 아이를 키우는 부모들과 직장인들은 영어 공부만을 위해 유튜브의 바다를 헤매며 시간을 보내기 부담스럽습니다.
영어 공부가 목표라면 정해진 시간 동안 목표를 성취할 수 있는 체계적 콘텐츠를 제공하는 매체가 좋습니다. 그건 학창시절부터 익히 사용해온 책입니다. 책은 다른 길로 빠질 수 있는 산만한 추천 영상이 뜨지도 않고, 자신의 속도에 맞추어 생각하며 텍스트를 읽어나갈 수 있습니다. 그리고 익힌 내용이 내 것이 되었는지 확인하기 위해 필기도 합니다. 학창시절에 책상에 앉아 한 권의 교재를 집중해서 읽으며 공부한 기억을 되살려보길 바랍니다. 하루 30분 또는 1시간씩 정해진 시간을 두고, 책상에 앉아 이 책을 읽어보세요. 눈으로 읽고, 입으로 따라 읽고, 손으로 필기하며 정리해보세요.

영어 학습에 '이것만이 정답이다'라고 할 수 있는 건 없습니다.
각자에게 맞는 방법이 있으니까요. 다만, 학교를 졸업한 지 한참 지난,
학창시절엔 영어를 제법 공부했으나 이젠 상당 부분 잊어버린 분들에게,
다시 영어를 '공부'하는 종이책을 만들고자 이 시리즈를 기획했습니다.

이 책의 구성과 특징
다시 시작하는 영어-그래머Grammar

1 70개의 생생한 회화 표현을 선정했습니다.

생활에서 사용되는 표현이면서 문법 지식 포인트가 함께 있는 문장 70개를 엄선했습니다.

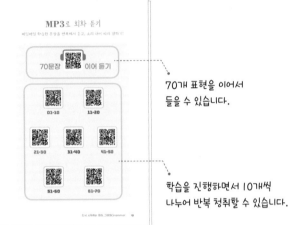

70개 표현을 이어서 들을 수 있습니다.

학습을 진행하면서 10개씩 나누어 반복 청취할 수 있습니다.

8

2 한 문장 표현마다 하나의 문법 포인트를 잡았습니다.

한 문장 표현을 구성하는 문법 요소 중 하나의 포인트를 잡아, 핵심 문법 지식을 함께 익힙니다. 좀 더 알면 좋은 내용은 보충학습 코너에 추가로 넣었습니다.

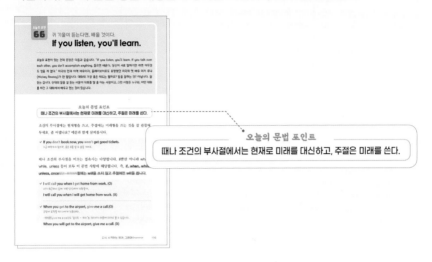

> **오늘의 문법 포인트**
> 때나 조건의 부사절에서는 현재로 미래를 대신하고, 주절은 미래를 쓴다.

3 스스로 정리할 수 있는 확인 학습 코너가 있습니다.

눈으로 읽으며 이해하고, 입으로 소리 내어 읽으며 익히고, 마지막에 직접 문장을 만들어 쓰면서 내 것으로 굳힐 수 있도록 확인 학습 코너를 구성했습니다.

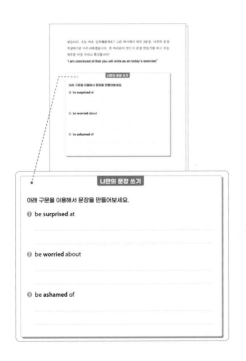

나만의 문장 쓰기

아래 구문을 이용해서 문장을 만들어보세요.

❶ be surprised at

❷ be worried about

❸ be ashamed of

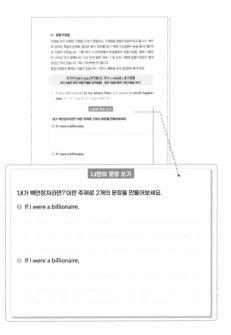

나만의 문장 쓰기

'내가 백만장자라면?'이란 주제로 2개의 문장을 만들어보세요.

❶ If I were a billionaire,

❷ If I were a billionaire,

김대균의 재미있는
영어 표현과 어법을 세상에 내놓는다

본인은 토익 380여 회 최다 응시 만점 강사로 시험전문가 이미지가 강하지만 EBS <김대균영문법>과 <김대균영문법 문제집> 시리즈를 랭기지플러스에서 출간하고 방송 강의를 하면서 영문법 전문가로서도 인정 받게 되었다. 문화일보 매일경제신문 연재를 통해 영어칼럼을 다방면에 쓰면서 영어 전반의 안목을 키워왔다.

본서는 재미있는 영어 표현과 함께 기본 영문법도 재미있게 정리하려는 취지로 만들어졌다. 영어 공부를 다시 시작할 때 새로 문법을 정리하고 단어를 외우는 방법도 좋다.

그러나 역발상으로 재미있는 표현을 우선 공부하고 관련 문법이나 표현을 함께 정리하는 방식도 영어를 오랜만에 공부하는 분들에게는 부담이 적은 친근한 방식이된다.

본서에 나오는 표현들은 실제 요즘 쓰이는 것들이다.

본인은 'EBS 김대균토익킹' 방송과 현장 토익 강의 외에 매주 화요일 밤 9시 아프리카TV를 통해 여러 영어 전문가들을 만나왔다. 통역사, 발음전문가, 원어민들을 모셔 매주 빠짐없이 방송한 지 어느덧 5년이 되어간다. 이를 통해 얻은 지식과 미국, 영국, 호주, 뉴질랜드, 홍콩 등을 돌며 모아온 영어 원서 교재를 바탕으로 신뢰감 있으면서도 실제 쓰이고 문법에도 맞는 예문으로 본서를 구성하였다. 재미로 읽다보면 배운 표현을 곧 쓸 기회도 생기고, 문법 포인트를 읽으면서 기본 문법을 자연스럽게 정리하는 체험도 하게 될 것이다.

독서백편의자현(讀書百遍義自見)이라는 말이 있는데, 이해가 가지 않는 문장도 100번 읽으면 뜻이 저절로 보인다는 의미이다. 필자가 종종 가는 충청도의 삼기저수지

에는 백곡(柏谷) 김득신의 동상이 있다. 이 분은 조선시대 인물로 태어난 지 얼마 안 되어 열병을 앓아 지능 발달이 저하되었다고 한다. 그러나 아버지 말씀을 따라 책을 여러 번 반복하여 읽고 결국 늦은 나이에 시인으로 성공한 대기만성형 인물이다. 여러분이 기억력이 나빠지고 머리가 예전만 못하다고 느낄 때는 이 분을 생각하면서 공부하면 도움이 될 것이다. 이 분은 본문에도 소개한 대로 대부분의 책을 만 번 이상 반복하여 읽었다. 우리가 영어를 못하는 기본적인 원인에 반복학습이 게으른 것도 있다. 10회는 대단한 반복이 아니다. 좋은 문장과 문법을 정리한 책이 있으면 수시로 여러 번 챕터가 다 기억날 정도로 많이 읽고 들으면 좋다.

본서의 대표 문장을 녹음해드렸으니 이것만은 암기해두자! 그리고 '김대균토익킹 그래마킹 유튜브'를 통해 제공하는 해설강의도 들어보자!

본서가 나오는 데 많은 관심을 보여주신 랭기지플러스 엄태상 대표님과 한동오 소장님께 감사드린다. 본서에 정신적인 도움을 주신 김지연, 김자헌, 김수헌, 박정자 님께 감사드린다.

또한 'My best friend', 유재영, 김수정 님께도 감사드린다. Last but not least하게 하나님과 독자 여러분께 감사드린다.

김대균

Contents

1 Warming-up 간단하지만 원어민 같은 표현

2 Hit-up 대화를 이어갈 수 있는 표현

3 Cool-up 멋진 척할 수 있는 표현

MP3로 회화 듣기

매일매일 학습한 문장을 반복해서 듣고, 소리 내어 따라 말하기!

70문장 이어 듣기

01-10

11-20

21-30

31-40

41-50

51-60

61-70

1

Warming-up

간단하지만
원어민 같은
표   현

01

듣던 중 반가운 소리군요!
It is music to my ears.

매우 듣기 좋은 말은 노래처럼 들릴 수 있고, 너무나 사랑스러운 것은 눈에 넣어도 아프지 않을 것만 같지요. 실제 있을 수 없는 일이지만, 그럴 것처럼 느껴지는 거지요. 우리말처럼 영어도 그런 은유가 대화에서 종종 사용됩니다. 무척 반가운 소식을 접했을 때, 'It's good to hear.' 대신 'It's music to my ears!'라고 말해보세요. 다양한 표현 방식은 대화에 활기를 만들어줄 수 있습니다. 참고로 '눈에 넣어도 아프지 않은 그대'는 영어로 어떻게 표현할까요? 정답은 오늘의 문법을 공부하고 나면 알려드리겠습니다.

오늘의 문법 포인트
전치사 to와 어울리는 표현들

'music to my ears'는 내 귀에 음악처럼 기쁘고 즐거운 소식이라는 의미입니다. 전치사 to에는 많은 뜻이 있지만, 주로 어딘가로 향하는 지점을 가리키는 성향이 있기 때문에 '~에게', '~에'라는 뜻으로 자주 사용됩니다. 편지를 쓸 때 서두에 'To (상대방 이름)'이라고 쓰는 걸 예로 들 수 있지요. 이와 같은 용법으로 사용된 전치사 to를 일상 대화 속 예문들로 익혀볼까요?

A Here's your paycheck for this month. 이번 달 월급입니다.
B Ah, that's music to my ears! 아, 듣던 중 반가운 소식이네요.

또 다른 예문은 사랑하는 이성에게 말하면 좋아할 것 같습니다.

✔ Your laugh is music to my ears. I'm never tired of that song.
당신의 웃음은 내게 음악입니다. 그 노래가 전혀 질리지 않아요!

이렇게 사이가 좋다 보면 사랑하는 이와 결혼하게 될 수도 있겠죠. 결혼 소식을 들은 친구가 할 법한 말을 예문으로 볼까요?

✔ So they're getting married? That's music to my ears.
그들이 결혼한다고? 정말 기쁜 소식이네요!

전치사 to와 어울리는 재미있는 표현 중에 'He can't stick to anything.그 사람은 무얼 하건 작심삼일이야.'이라는 말이 있습니다. 사실 결심이 3일밖에 가지 못한다는 뜻의 우리말 '작심삼일'은 영어로 옮기기 힘든 표현 중 하나지요. stick to가 '어딘가에 끈적하게 들러붙어있다'는 의미에서 나온 것이니 '무슨 일이건 끈기를 가지고 붙어있지 못한다'로 해석할 수 있습니다. 이 말이 곧 우리말 표현 '작심삼일'이 되는 거죠. 영어와 우리말을 꼭 일대일로 매칭하며 해석하는 방식보단, 같은 뜻을 지닌 말로 영어는 영어답게, 우리말은 우리말답게 해석하는 것이 중요합니다. 외국어를 계속 공부하다보면 차차 익히게 될 수 있는 태도입니다.

stick to와 같은 의미, 다른 표현으로 adhere to들러붙다, 집착하다, 고수하다가 있습니다.

✔ They pledged to **adhere to** the terms of the agreement.
그들은 합의한 내용을 준수할 것을 맹세했다.

✔ That glue does not **adhere to** the wall. 그 접착제는 벽에 잘 붙지 않아요.

You are the apple of my eye!
눈에 넣어도 아프지 않은 그대!

아휴 닭살!

어떤 단어가 어떤 전치사와 잘 어울리는지를 정리해두는 것은 문장을 만들거나 유창한 회화를 위해 필요합니다. 오늘은 전치사 to와 잘 어울려서, 함께 자주 사용되는 명사들을 정리해보겠습니다.

✔ **solution to ~** / ~에 대한 해결책

The government is seeking a solution to overcome the economic crisis.
정부는 경제 위기를 극복할 해결책을 찾고 있다.

- -

✔ **transfer to ~** / ~로 전근 가다, 갈아타다

He was transferred to the Busan office. 그는 부산 사무실로 전근됐다.

Please get off at Seonjeongneung Station and transfer to line number 9.
선정릉역에서 내려서 9호선으로 갈아타십시오.

- -

✔ **transition to ~** / ~에로의 이동, 변화

The transition from adolescence to adulthood 청소년기에서 성인기로의 변화

- -

✔ **exposure to ~** / ~에로의 노출

It is slightly soluble in water, and turns brown on exposure to air.
그것은 물에 약간 녹을 수 있고 공기에 노출되면 갈색으로 변한다.

Check point

다음 빈칸을 채워보세요.

❶ That is not a _____ the problem. 그것은 그 문제에 대한 해결책이 아니야.

❷ You need to more _____ English. 너는 영어에 좀 더 노출이 필요해.

24

돈이면 다 된다.
Money talks.

우리 삶에 있어 돈이란 필수불가결한 존재입니다. 돈 때문에 즐겁기도 하고, 돈 때문에 힘들기도 하지요. 그러다보니 대부분의 모든 문화권에서 돈과 관련된 표현이 참 많습니다. 'No one spits on the money.'라는 표현도 있습니다. 돈에 침을 뱉는 사람은 없다는 뜻이고, 누구나 돈을 좋아한다는 말이 되겠습니다.

오늘의 문법 포인트
'주어+동사'만으로 완전한 문장

짧고 간결한 표현이지만 돈과 관련해서 핵심을 잘 말해주는 문장이 있습니다. 바로 오늘의 표현으로 등장한 'Money talks.'입니다. 돈이 말한다? 여기서 **talk**은 '말하다'가 아니라 **효력이 있다**'는 뜻입니다. 즉, 돈이 일을 해결하는 데 효력이 있다는 의미로 이해하면 되겠지요? 유용한 표현이니 기억해두세요. 이처럼 주어와 동사만으로 완성되는 유용한 문장들을 몇 가지 더 살펴볼까요?

✓ Don't worry. I have a way of getting things done. Money talks.
걱정 마. 내가 일 처리하는 방법이 있지. 돈이면 다 되거든!

✓ Money matters. 돈이 중요하다

✓ Size does matter. 크기가 중요하다.

Money talks.처럼 '주어+동사'만으로 이루어진 표현들은 짧으면서 인상적인 말이 많습니다. 외워서 써먹으세요!

외우기 싫은데

좀 더 어려운 표현으로는 다음과 같은 표현이 있습니다.

> ✔ **Put your money** where your mouth is. 말로만 그러지 말고 행동으로 보여줘.
>
> ✔ You want me to bet on that horse? Why don't you **put your money where your mouth is**?
>
> 너는 내가 저 말에 돈을 걸기를 원하니? 네가 직접 그렇게 하지 그래?

'Put your money.' 직역하면 '당신의 입이 있는 곳에 돈을 두어라'입니다. 말을 했으면 그 말을 지키도록 그 말에 돈을 걸라는 말이지요.

보충학습 ▶ 주어와 동사만으로 완전한 문장을 만드는 동사

talk는 그 뒤에 보어나 목적어가 없이 완전한 문장을 만드는 대표 동사입니다. 이런 동사를 완전자동사라고 하지요. 완전자동사의 예는 다음과 같습니다.

rise	일어나다	happen	발생하다	sing	노래하다
dance	춤추다	walk	걷다	run	달리다
drive	운전하다	swim	수영하다	work	일하다
cry	울다	laugh	웃다	go	가다
come	오다	arrive	도착하다	smile	웃다

✔ **My phone isn't** working. 내 전화가 작동이 되지 않는다.

✔ **A funny thing** happened in the office today. 오늘 사무실에서 웃긴 일이 일어났다.

이 문장에서 부사구(in the office)나 부사(today)가 없어도 이 문장은 완전한 문장입니다. 부사는 거들 뿐!

✔ **It sucks.** 그것 참 끔찍하다.

suck은 '빨다'의 의미일 때 타동사로도 쓰이지만, 'It sucks.'와 같이 사용될 때는 'It is pretty awful.끔찍하다'과 같은 의미로 완전자동사입니다.

몸매를 멋지게 가꾸세요!
Tone your body!

tone은 명사로 '어조'나 '말투', '분위기', '색조' 등을 나타내는 말로, 때론 우리말처럼 영어 그대로 쓰이기도 합니다. 그런데 이 단어가 동사로 사용되면 전혀 다른 의미가 된다고 합니다. 좀 더 알아볼까요?

오늘의 문법 포인트
한 단어가 여러 가지 품사로 쓰이는 경우

단어를 공부할 때 한 단어가 지닌 다양한 뜻과 용법을 익히면서 이 단어가 어떤 품사로 쓰이는지 정리해두는 것은 매우 중요합니다. 예를 들어 walk는 '걷다', '산책시키다' 등을 뜻하는 동사이지만, '걷기'라는 명사가 될 수도 있습니다. 'take a walk산책가다'처럼 명사로도 사용되지만, 'He walks his dog everyday.그는 매일 개를 산책시킨다.'에서처럼 동사로도 사용되지요.

오늘의 표현 'Tone your body!'에서 tone은 동사로 사용되었고, '근육이나 피부를 탄력 있게 만들다'는 의미입니다.

공부를 하는데 있어서 기본적인 태도는 유연성입니다! 얼마든지 새로운 가능성에 마음과 정신을 열고 공부하는 것이 중요합니다!

이 정도 유연성이면 영어 정복 문제 없겠지?

예문을 통해 동사 tone의 활용을 익혀볼까요?

✓ This is a good exercise for **toning up** the thighs.
이 운동은 대퇴 강화에 좋습니다.

생각난 김에 **Tone your body!**와 관련된 헬스 용어를 좀 더 알아볼까요?

✓ plank 플랭크 / push-ups 팔굽혀펴기 / abs 배근육 운동 / squat 스쿼트
biceps 이두근 / triceps 삼두근 / lat 광배근 / calf 종아리

운동계획을 세웠는데 벌써 작심삼일이라고요? Can't you stick to anything?
통계에 따르면 헬스클럽에 등록한 사람 중 75%가 총 6번 정도 나가는데 그
친다고 합니다. 영어공부도 운동처럼 하다가 금방 관두면 안되겠죠? It's time
to start over! 의욕을 가지고 시작하되 끈기를 가지고 결실을 맺읍시다.

보충학습 ▶ 명사도 되고 동사도 되는 단어들

같은 형태인데 품사가 다른 단어들이 있습니다. 품사를 정확히 아는 것은 문장을 해석
하는데 매우 중요합니다. 명사, 동사 이렇게 품사가 다르지만 형태는 같은 단어들을 익
혀둡시다.

answer	대답	대답하다	check	수표, 확인	검검하다, 저지하다
cook	요리사	요리하다	copy	복사	복사하다
charge	요금	청구하다	deal	거래	다루다
help	도움	돕다	leave	휴가	떠나다
raise	인상	올리다	respect	존경	존경하다
request	요청	요청하다	review	검토	검토하다
visit	방문	방문하다	caution	주의	주의를 주다

exercise 운동, 운동하다

오늘의 테마가 운동이어서 exercise를 오늘의 단어로 뽑아봤습니다. 이 단어는 명사로는 '운동', 동사로는 '운동하다', '운동시키다'라는 의미가 있습니다.

- ✓ He **exercises** two or three times a week. 그는 일주일에 두세 번 운동을 한다.
- ✓ **Exercising** the dogs regularly is necessary to every owners.
  주인이라면 주기적으로 자신의 개를 운동시켜야 한다.

그런데 이 단어가 동사로 사용될 때는 사실 '운동하다'는 뜻보다 '무언가를 사용하다(use something)', 특히 '(권위나 역량을) 이용하다, 사용하다'라는 뜻으로 훨씬 자주 쓰입니다!

- ✓ I **exercised** my democratic right. 나는 나의 민주주의적인 권리를 행사했습니다.

Check point

운동하다는 표현은 동사 exercise 외에 구동사 work out도 많이 사용합니다.
빈칸에 동사를 적어보세요.

❶ exercise

I need to _____ regularly. 나는 정기적인 운동이 필요해.

❷ work out

I _____ regularly to keep fit. 나는 건강을 위해 규칙적으로 운동한다.

내게 노트북이 있으면 참 좋으련만.
I could use a laptop.

노트북은 국어사전에 휴대용 컴퓨터로 등재되어 있어요. 하지만 실제 notebook이란 영어 단어는 공책이란 뜻으로 더 많이 사용됩니다. 우리말 노트북을 뜻하는 실제 영어는 laptop이 보편적으로 사용되니, 꼭 익혀두도록 하세요. 더불어 오늘은 후회나 미련을 나타내기 위해 어떤 표현을 사용해야 하는지 살펴볼까 합니다.

오늘의 문법 포인트
가정법 과거

'could use'에서 could를 can의 단순 과거형으로 이해하고, '사용할 수 있었다'로 직역했을 때, 의미에 혼동이 오거나 정확히 무슨 의미인지 파악하지 못하는 경우가 많습니다. can이 아니라 could를 쓴 것을 눈여겨보세요! 여기서 could use는 '~가 있으면 사용할 수 있으련만'이란 뜻을 가진 가정법 과거표현입니다. 예문들을 통해 좀 더 살펴봅시다.

- ✓ I could use some help putting these decorations up if you're not too busy. 너무 바쁘지 않다면 네가 여기 장식하는 걸 도와주면 좋겠어.
- ✓ Their website could use an upgrade. 그 웹 사이트는 업그레이드가 되면 좋으련만.
- ✓ He could use a new suit for work. 그에게 근무용 새 정장이 있으면 참 좋으련만.
- ✓ I could really use a car. 차가 한 대 있으면 정말 좋으련만!

A Can I get you anything? 뭐 좀 가져가 드릴까요?
B Thanks. I could use a drink. 감사합니다. 마실 것이 있으면 좋겠어요.

보충학습 ▶ 가정법이란?

가정법 기본 형태는 If+주어+동사의 과거형, 주어+would/should/could/might+동사원형입니다. 생긴 모양은 과거이지만 본질적으로 현재를 의미한다는 게 중요합니다.

- ✔ If I danced, you would laugh. 내가 춤을 추면 네가 웃을 거야.
- ✔ I would't do that if I were you. 내가 너라면 그런 짓을 하지 않을 텐데!

가정법 과거에는 주어의 인칭에 상관없이 왜 were를 쓸까?

현실에서 I were, he were, she were, it were는 불가능해요. 그런데 이 표현을 쓴다는 것은 이렇게 쓰는 내용이 비현실적인 거짓말이라는 표현이지요. 즉 '이 말은 거짓말입니다.'라는 의미로 사용하는 것입니다.

예문을 하나 더 살펴볼까요?

- ✔ If I were a dancer, I would dance now. 내가 댄서라면 지금 춤을 출텐데.

이 문장은 사실은 내가 댄서가 아니라서 춤을 못 춘다는 사실을 표현한 것입니다. 그래서 현실적으로는 불가능한 I were로 이런 상황을 표현한 것이지요.

- -

- ✔ If it were me, I would go there. 나라면 거기 갈텐데.
- ✔ I wish it were real. 그게 사실이길 바란다.
- ✔ If I were free, I'd go to the party. 시간이 있으면 그 파티에 갈텐데.

넌 날 사랑스럽게 만들어.
You make me lovely.

이런 말을 쓸 수 있는 상대가 있다면 정말 행복할 거라 짐작합니다. 이 문장은 제니퍼 니븐(Jennifer Niven)이라는 미국 작가의 소설 *All The Bright Places*에 나옵니다.

"You make me lovely, and it's so lovely to be lovely to the one I love."

'당신은 나를 사랑스럽게 만든다. 그리고 내가 사랑하는 사람에게 사랑스러운 사람이 되는 건 참 사랑스러운 일이다.'란 내용입니다. 오늘은 사랑스러운 단어, lovely를 좀 더 알아봅시다.

오늘의 문법 포인트
명사+ly로 만들어진 형용사

오늘의 표현이 사용된 제니퍼 니븐 소설의 원 문장 속 lovely는 모두 형용사로 쓰였습니다. 이 단어는 부사로 쓰이지 않습니다. 우리가 부사로 착각하기 쉬운 형용사로 대표적인 단어가 몇 개 있고, 그중 하나가 lovely입니다.

✓ When a woman isn't beautiful, people always say, "You have lovely eyes, you have lovely hair." 여자가 예쁘지 않으면 사람들은 "당신은 사랑스러운 눈을 가지고 있군요, 또는 사랑스러운 머리카락을 가지고 있네요."라고 한다. - 안톤 체호프(Anton Chekhov)

✓ I think that I shall never see a poem lovely as a tree.
나는 나무만큼 사랑스러운 시를 보지 못할 것이라고 생각한다. - 조이스 킬머(Joyce Kilmer)

즉, 나무가 가장 시적이라는 뜻이지요!

나무를 사랑하는 시인

조이스 킬머

lovely와 같이 부사처럼 생겼는데, 형용사로만 사용되는 단어들입니다.

costly 비용이 많이 드는, 대가가 큰 / friendly 상냥한 / timely 시기적절한 / lively 활기찬

이들의 또 다른 공통점은 **명사+ly형**이라는 것입니다. 예문들을 좀 더 살펴볼까요? 예문과 함께 살펴볼까요?

- ✓ Mining can be **costly** in terms of lives. 광업은 큰 댓가를 치를 수 있다.
- ✓ The hotel staff were **friendly** and attentive. 그 호텔 직원들은 친절하고 세심했다.
- ✓ John doesn't work in a **timely** fashion. John은 시간에 맞게 일하는 스타일이 아니다.
- ✓ Jay is very **lively** and full of fun. Jay는 생기발랄하고 장난기가 넘친다.
- ✓ Life is a **lively** process of becoming.
  삶은 되어가는 생생한 과정이다. -더글라스 맥아더(Douglas MacArthur)

한편 −ly로 끝나는 형태인데 형용사, 부사 모두로 사용되는 단어들도 있습니다. 예문과 함께 살펴볼까요?

daily 나날의, 일일 / weekly 주간의, 매주 / monthly 한 달의, 매월 / yearly 연간의, 매년

- ✓ Exercise is part of my **daily** routine. 운동은 내 일상 중 일부분이다. - 형용사
- ✓ Take the tablets once **daily**. 이 알약을 하루에 한 번 먹어라. - 부사

- -

- ✓ This is a **weekly** magazine. 이것은 주간지다. - 형용사
- ✓ We go to the city **weekly**. 우리는 그 도시를 주마다 간다. - 부사

- -

- ✓ If you ride the train a lot, you should buy a **monthly** ticket.
  당신이 그 기차를 자주 탄다면, 월정 티켓을 사야 해요. - 형용사
- ✓ We are paid **monthly**. 우리는 월급으로 지불 받는다. - 부사

- -

- ✓ We get a **yearly** pay increase. 우리는 연 단위 봉급인상을 받는다. - 형용사
- ✓ Interest is paid **yearly**. 이자는 해마다 지불된다. - 부사

외출 금지!
You are grounded.

Covid-19 같은 전염병이 우려되거나, 아이들의 잘못을 벌주기 위해 외출을 금하는 경우가 있습니다. 외출금지는 영어로 어떻게 표현할까요? prohibit going out? 틀린 말은 아닙니다. 하지만, 더 자연스럽게 많이 사용되는 영어 표현은 "You are grounded."입니다.

오늘의 문법 포인트
과거 분사로 사용될 때 헷갈리는 단어들

쉬운 영어 단어들로만 이루어진 표현인데 정확하게 해석하기 어려운 경우가 있습니다. **ground beef, ground coffe**를 예로 들어볼까요? 무슨 뜻일까요? 땅 소고기, 땅 커피? 이때 ground는 '갈다'라는 뜻을 가진 동사 grind의 과거 분사형이지, 땅을 뜻하는 명사 ground가 아닙니다. 뜻도, 용도도 다른데 겉모습이 같으니 헷갈릴 수 있습니다. 그래서 ground beef는 갈아서 다진 소고기, ground coffee는 가루 커피라는 뜻입니다.

ground는 외출을 금지시킨다는 의미의 타동사로 사용되기도 합니다. 동사 변화는 ground-grounded-grounded입니다. 이 단어와 관련해서 자주 사용되는 표현으로 **"You are grounded."**가 있습니다. 이 표현은 학교 가는 것 빼고 외출하지 못하게 하는 것을 의미하는데 맨처음 공군에서 나온 용어라고 합니다. 군법이나 규정을 어길 경우 비행기를 타지 못하게 하면서 **"너는 땅에 있어.(즉, 비행기 못 타.)"**라고 말했던 것에서 유래했습니다.

ground를 '땅'이란 뜻 하나로 달랑 외우는 것은 좋은 공부 방법이 아닙니다. 쉽고 익숙한 단어도 다양한 뜻을 가지고 있고, 모양이 같아도 다른 단어에서 비롯될 수 있음을 알아두세요. 항상 머리를 열어두고 유연한 태도로 공부합시다!

보충학습 ▶ 재미있는 수동태 표현들

☑ **Is she taken?** 그녀 임자 있니?

이 말은 take를 '데려가다'는 뜻으로 이해하면 내용을 짐작할 수 있습니다. 누가 그녀를 데려간 건지 묻는 거니, "그녀 임자있니?"라는 의미가 됩니다.

☑ **That guy is so wasted, he can hardly stand up.**
그는 술에 너무 취해서 거의 설 수가 없다.

☑ **We are made for each other.**
우리는 천생연분이다.(서로를 위해 만들어졌다는 말이죠.)

☑ **His days are numbered.**
그는 이제 얼마 남지 않았다.(수명이나 전성기가 숫자를 셀 수 있을 정도로 남아있다는 의미입니다.)

☑ **Luck is loaned, not owned.** 행운은 빌려 쓰는 것이지, 영원히 소유할 수 있는 게 아니다.

마지막 예시 문장은 loaned, owned의 끝부분 발음이 멋진 rhyme각운을 이룹니다. 이런 문장은 영어 원문 그대로 읽을 때 원 문장의 참맛이 잘 삽니다. 영어 원문을 공부하는 맛과 보람이 이런 데 있다고 할 수 있지요.

귀띔해줘서 고마워.
Thanks for the heads-up.

우리말의 미묘한 뉘앙스를 그대로 전달할 수 있는 영어 단어를 찾아 일대일로 매치하는 것이 어려운 경우가 있습니다. 대표적인 예로 '귀띔하다'와 같은 표현이 있지요.

오늘의 문법 포인트
head의 품사별 용도

영어 표현 중 쉽고 익숙한 단어인데 정확한 뜻과 뉘앙스를 잘 모르는 경우가 있습니다. head로 만들어진 표현을 예로 들 수 있습니다. 우선 오늘의 표현인 "Thanks for the heads-up."에서 **heads-up**은 누군가에게 앞으로 일어날 일에 대해 미리 주는 경고 메시지입니다. 우리말로 '귀띔'과 같은 뜻이 되지요.

✓ She gave him a **heads-up** that the company's president will be visiting the office. 그녀는 그에게 회장님이 사무실을 방문할 것이라고 귀띔해줬다.

예문을 통해 계속 정리해봅시다!

✓ This note is just to give you a **heads-up** that Vicky will be arriving next week. 이 쪽지는 당신에게 Vicky가 다음 주에 도착할 것이라고 귀띔해주는 것입니다.

head로 사용할 수 있는 다른 표현을 더 알아볼까요? head는 명사로 쓰일 뿐 아니라 '어디로 향하다'를 뜻하는 동사로도 많이 사용됩니다. "너 어디 가니?"를 다음과 같이 표현할 수 있습니다.

✓ Where are you **headed**?
✓ Where are you **heading for**?
✓ Where are **heading to**?

36

여기서 heading for와 heading to의 차이는? 기본적으로 같은 의미이지만, **heading for**는 for 대신 towards를 사용하는 경우가 많고, 그 방향으로 가다 가 도중에 그칠 수도 있다는 느낌이 듭니다. 반면 **heading to**는 그곳으로 가려는 의지가 강하게 드러납니다.

보충학습 ▶ 목적어가 될 수 있는 다양한 형태

동사 뒤에 오는 목적어는 명사뿐 아니라 that절, 의문사절, to부정사나 동명사(-ing) 도 가능합니다. 예문을 통해 살펴볼까요?

✔ **She said** that she'd pick it up for me.
　그녀는 나를 차에 태워주겠다고 말했다.- that절이 목적어

✔ **He wondered** why the meeting had been cancelled.
　그는 그 회의가 왜 취소되었는지 궁금했다. -의문사 why절이 목적어

✔ **I'm not planning** to stay here much longer.
　나는 더 이상 여기 머물지 않을 계획이다.- planning 뒤에 to stay가 목적어

✔ **I try to avoid** going shopping on Fridays.
　나는 금요일에 쇼핑하는 것을 피하려고 해.- avoid뒤에 동명사 going 목적어

오늘의 표현

08

그는 양다리 걸치고 있는 거야!
He is two-timing you!

연애를 할 때 한 사람만 진중하게 만나지 못하는 사람들이 있지요. 우리말로는 바람둥이라고 하지요. 또 동시에 두 사람을 만나는 경우가 있어요. 우리말로 양다리를 걸친다고 하는데, 영어로는 어떻게 표현할까요?

오늘의 문법 포인트
be동사+-ing형
지금 진행되는 상황 or 미래에 확정된 상황

양다리를 영어로 two legs라고 할까요? 설마요. 영어로 양다리는 **two time**이라고 표현합니다. 주의할 것은 **double time**이라는 말도 있는데, 이것은 군대 용어로 평소보다 두 배로 빨리 걷는 것(분당 180보 정도)을 의미합니다.

✓ **Double-time, March!** 두 배로 빨리 행진!

양다리를 걸치거나 바람을 피우고 있는 것을 가리킬 때 사용하는 표현은 우리가 잘 아는 **flirt**바람피우다 외에 **two time**을 씁니다. 재미로 상대가 바람을 피우고 있다는 징후를 보여주는 두 가지 경우를 알려드리지요.

2 signs your partner is two-timing you
당신 파트너가 양다리를 걸치고 있다는 2가지 징후들

❶ Your partner always insists that you guys go out somewhere in your area. 당신 파트너가 당신이 있는 지역 가까이에서 데이트를 하자고 계속 주장한다.

❷ Your partner is never without the phone, come what may.
당신 파트너가 항상 어떤 일이 있어도 전화기를 가지고 다닌다.

38

다른 파트너에게 들키지 않으려고 바람 피는 사람이 사는 곳에 가서 데이트하는 거겠죠?

바람둥이 남자는 Casanova 또는 womanizer, 여자 바람둥이는 man-eater 또는 coquette라고 한대요.

보충학습 ▶ **확실하고 가까운 미래를 나타내는 be동사+−ing**

오늘의 표현에서 보듯이 be동사+−ing는 현재진행형으로 지금 상황을 가리키는데 쓰이지만, 이 형태로 가까운 미래에 일어날 확정된 상황을 가리키기도 합니다. 대표적인 예가 be going to입니다.

✔ **I am going to Spain tomorrow.** 나는 내일 스페인에 갈 것이다.

실제 회화에서는 be going to가 아니어도 be동사+−ing 진행형이 확정된 미래를 나타낼 때 자주 쓰입니다.

✔ **My cousin John is getting married next month.**
내 사촌은 다음 달에 결혼할 예정이다.

✔ **I am taking a nap this afternoon.** 나는 오늘 오후에 낮잠을 잘 것이다.

✔ **He is playing tennis tomorrow morning.** 그는 내일 아침에 테니스를 칠 것이다.

나는 네가 지난 여름에 한 일을 알고 있다.
I know what you did last summer.

오늘의 표현은 1990년대 후반 인기 있었던 하이틴 공포 영화 제목입니다. 이 제목 한 줄은 'I know what 주어+동사+목적어' 형태로, what 뒤의 단어들만 바꾸면 매우 다양한 상황에서 활용할 수 있는 좋은 표현입니다. 외워둡시다!

오늘의 문법 포인트
what에 대한 모든 것

what은 기본적으로 의문문을 만들 때 많이 보았을 겁니다. 오늘은 the thing which와 같은 복합관계대명사 what에 대해 설명하려 합니다. what은 선행사를 포함한 관계대명사입니다. 문법 용어들이 머리에 잘 들어오지 않는 사람들이 많을 겁니다. 그냥 '것'으로 번역되는 what으로 기억하고, what 앞에는 명사가 못 온다는 사실을 기억해도 좋습니다.

> ✓ You are what you eat.
> 당신은 당신이 먹은 대로다. (먹은 음식에 따라 몸이 건강해지거나 나빠진다는 뜻이죠!)
> ✓ What can't be cured must be endured. 치료될 수 없는 것은 견뎌내야만 한다.
> ✓ I still know what you did last summer. 나는 네가 지난 여름에 한 일을 알고 있다.

what의 다양한 용법에 대해 좀 더 알아볼까요?
❶ 우선 what은 **의문대명사**로 많이 쓰입니다.

> ✓ What do you want? 무엇을 원하니?
> ✓ What's he doing? 그는 무엇을 하고 있니?

위 두 문장은 what이 명사로 쓰였습니다.

❷ 'what+명사' 형태로 what이 **의문형용사**로도 쓰입니다.

✓ **What time are you leaving?** 너 몇 시에 떠날 거니?

❸ 명사에 제한된 의미를 부여하는 **한정사**로 쓰입니다.

✓ **What lovely flowers!** 이 얼마나 아름다운 꽃인가?
✓ **What a horrible smell!** 이 얼마나 끔찍한 냄새인가?

❹ 마지막으로, '것'으로 번역되는 선행사를 포함한 **관계대명사**로 쓰입니다. 이때 what 앞에는 명사가 올 수 없습니다.

✓ **What you have to do is make a list of useful phone numbers.**
당신이 해야 하는 일은 유용한 전화번호 목록을 만드는 것이다.

이 문장에서 What you have to do는 The thing we need to do입니다.

✓ **I haven't got many BTS CDs, but you can borrow what I have.**
나는 BTS의 CD가 많지 않지만, 내가 가지고 있는 것을 너에게 빌려줄 수 있다.

보충학습 ▶ What과 Why/How를 구분하기

What's~for는 이유, 목적을 묻는 표현이기 때문에 Why로 대체될 수 있습니다. 하지만 직접적인 표현이므로 다소 무례하기 들릴 수도 있으니 주의해서 사용해주세요.

✓ **What did you phone her for?** 당신 무엇 때문에 그녀에게 전화했어요?
   = **Why did you phone her?** 당신 그녀에게 왜 전화했어요? informal

한편, What's~for는 무언가의 용도나 목적을 묻는 표현이기도 합니다.

✓ **What's this machine for?** 이 기계는 무엇에 쓰는 거지?
   = **What is the purpose of this machine?** 이 기계의 용도가 뭐지?

또, 우리말로 '어떻게'로 해석되어 how를 사용하기 쉽지만 사실 what을 사용해야 하는 경우도 있습니다. 주의하도록 합시다!

✓ **What do you think of/about South Korea?** 한국에 대해서 어떻게 생각하시나요? (O)
   How do you think of/about South Korea? (X)

10

우리 어디까지 했죠?

Where were we?

대화나 함께 하던 작업을 끼어든 다른 일로 잠시 중단했다가, 다시 하려 할 때 어디까지 했었는지 깜박할 때가 있습니다. 이럴 때 우리말 "어디까지 했죠?"를 영어로 어떻게 표현할까요? 매우 쉽게 표현할 수 있는 방법이 있습니다.

오늘의 문법 포인트
영어 단어 3개로 완벽하게 표현되는 우리말

우리가 흔히 쓰는 말을 영어로는 어떻게 표현하는지 늘 궁금해하면서 공부해 보세요. 자신이 궁금해했던 표현은 기억에 잘 남아 쉽게 잊어버리지 않습니다. 영어로 일기를 써도 좋고, 영어 사전을 검색해서 표현을 습득해두는 것도 추천합니다. 필자의 경우, 강의할 때 잠깐 농담을 하다가 "아까 우리 어디까지 했죠?"라고 말할 때가 많습니다. 일상 대화에서 자주 하는 말입니다. 그런데 이 말을 영어로 표현할 때 굉장히 복잡하게 생각하는 경우가 있습니다. 사실 영어 표현은 무척 쉽습니다. 놀라지 마시길.

'내가 어디까지 했죠?'는 'Where was I?'입니다.

예시 대화를 통해 익혀볼까요?

A So we were going to Tokyo and then this woman…
우리가 도쿄로 가려고 했는데 이 여자가…

B Oh god! Before I forget, your boss rang and he wants you to call him back. 아, 맙소사! 내가 잊기 전에 말하는데 당신 사장님이 전화해달라고 했어.

A I know what it's about… Now where were we?
나도 무슨 전화인지 알아…. 자, 아까 우리 어디까지 얘기했더라?

B Ummm, you were going to Tokyo. 음, 당신이 도쿄로 가려 했다고 말했어.

이처럼 상대방이 말을 하는 도중에 끊거나 다른 농담을 하다가 다시 본론으로 돌아올 때 많이 쓰는 표현이 'Where were we?'입니다. 이렇게 쉬운 단어로 이루어진 간단한 문장인데, 몰라서 못 쓰는 표현이 참 많습니다! 오늘은 그런 표현을 몇 개 더 알아볼까 합니다.

보충학습 ▶ 알고 보면 쉬운데, 몰라서 자주 사용하지 못하는 표현

❶ **That explains it.** / 아, 그래서 그런 거구나.

이 표현은 이해가 잘 안 가던 상황에 대해 설명을 듣거나 상황을 파악하게 될 때 사용합니다. 이런 상황을 잘 보여주는 대화문을 살펴볼까요?

A Mary is really in a bad mood today. I wonder what's eating her.
Mary가 오늘 기분이 좋지 않아. 뭣 때문에 속이 상한 건지 궁금하네.

B Didn't you hear? She failed her entrance exam. Now she doesn't know what she's going to do.
소식 못 들었니? 그녀가 입학시험에서 떨어졌어. 지금 뭘 해야 할지 몰라 하지.

A Oh well then, that explains it. Maybe we should take her out to dinner.
아, 그래서 그런 거구나. 우리가 그녀에게 저녁이나 사줘야겠다.

혹시 눈치 채셨나요? 'What's eating her?'에서 eat은 '먹다'가 아니라 '괴롭히다, 성가시게 하다'는 의미에 가깝습니다. 상대방이 행복해보이지 않거나 우울해할 때 이렇게 물어보세요. "What's eating you?"

What's eating you?

❷ You got this. / 잘 할 거예요.

이 표현은 당신이 상대방이 어떤 일을 하는데 잘 하리라 확신하고 믿는다는 것을 보여주는 표현입니다. 그냥 '당신이 이것을 가졌다'라고 직역할 수 있고, 이 말이 내포한 의미는 결국 '당신은 이미 그것을 가졌다, 그러니 이미 된 것이나 다름없다, 잘 할 거다.'로 이해할 수 있습니다. 예문을 살펴볼까요?

✔ I know you can lose that weight! You got this!
나는 당신이 살이 빠질 수 있다는 것을 알아요. 잘 할 거예요!

- -

A   I'm worried about my exam tomorrow. 나는 내일 시험이 걱정이야.

B   You got this! 잘 해낼 거야!

여러분도 이 책을 반복해서 읽으며 공부하면,
영어를 좋아하고 잘하게 될 겁니다!
You got this!

진짜루?

영어 공부한 지 얼마나 됐죠?

How long have you been studying English?

요즘은 초등학교에도 영어 수업이 있지만, 40대 이상인 독자들은 대부분 중학교 때부터 영어 공부를 시작했을 겁니다. 그렇게 정규교육 과정 속에서만 영어 공부를 했다손 쳐도, 대한민국 사람들은 최소한 6년, 대학교 4년까지 합치면 10년 정도 영어 공부를 했다고 할 수 있습니다. 게다가 취업을 위해, 또는 직장을 다니며 지금까지 현재 진행형으로 영어 공부를 하고 있는 사람들도 많을 겁니다. 그럼 그때부터 지금까지 계속 공부하고 있는 기간을 표현할 때는 어떻게 해야 할까요?

오늘의 문법 포인트
How long have you been+동사 구문

지금도 하고 있는 것을 강조하는 경우, 특히 learn, work, wait, do 등 동작을 나타내는 동사들은 현재완료 진행형을 써주는 것이 원칙입니다. 이때 현재완료를 쓰지 않는다는 것에 유의해주세요. 현재완료는 동작이 지금 끝난 것을 나타낼 때 많이 씁니다. 그런데 영어 공부는 지금도 하고, 앞으로도 할 것을 나타내므로 이제 막 완료된 것을 뜻하는 현재완료가 아닌, 현재완료 진행형을 쓰는 게 맞습니다. 현재완료형(have+과거분사)은 주로 과거부터 지금까지 해서 지금 완료된 행위에 쓰이고, 현재완료 진행형(have+been+―ing)은 과거부터 지금까지 했고, 앞으로도 하는 행위에 쓰입니다.

✓ **It has been raining** since 10 a.m. 10시부터 계속 지금까지 비가 오고 있다.

It has rained since 10 a.m. (X)
지금도 내리고 있으니,
단순 현재완료를 사용하면 틀립니다.

✓ How long **have** you **been studying** Korean? 한국어 배우신지 얼마나 됐죠?

> How long have you studied Korean? (X)
> 한국어를 오늘로 그만 배우는 것이 아니니
> 단순 현재완료형은 틀려요.

✓ I **have been working** on this project for six months now.
　나는 이 프로젝트 작업한지 6개월째예요.

> I have worked this project for
> six months now. (X)
> 프로젝트가 아직 끝난 게 아니니
> 단순 현재완료형은 틀려요.

✓ She **has been looking** for a job since she left college.
　그녀는 대학을 졸업한 이래로 직장을 구하고 있다.

> She has looked for a job since
> she left college. (X)
> 지금도 일을 못 구해서 계속 찾아다니고 있으니
> 단순 현재완료형은 틀리죠.

보충학습 ▶ 현재완료와 현재완료 진행형 구분하기

현재완료가 맞는지 현재완료 진행이 맞는지 구분할 수 있는 1차적인 방법을 위 예문들을 통해 설명했습니다. 그런데 동사의 특성에 따라 앞으로 계속되는 경우지만 현재완료를 쓰는 경우가 있습니다. 그것은 동사가 know, believe, understand, like/dislike, belong, own, have 등과 같은 상태 동사일 경우입니다. 좋아하고 있는 중, 믿고 있는 중이라고 하면? 우리말로 표현해도 어색한 게 분명하지요. 그래서 알고 있는 상태, 좋아하는 상태, 믿고 있는 상태, 가지고 있는 상태 등을 나타내는 상태 동사는 진행형을 쓰지 않습니다.

- ✔ We've known **each other** since we were kids. 우리는 어린 아이일 적부터 서로 알아왔다.
- ✔ I've **never** understood physics very well. 나는 물리학을 잘 이해하지 못하고 있다.
- ✔ Jay has always liked basketball. Jay는 농구를 전부터 늘 좋아한다.

하지만 work, live처럼 현재완료형과 현재완료 진행형을 큰 구분 없이 쓰는 경우도 있습니다.

- ✔ Darren has been living in Seoul for 30 years.
  Darren has lived in Seoul for 30 years.

- -

- ✔ How long have you been working here?
  How long have you worked here?

관찰력 있는 독자라면, 앞에 나왔던 예시 문장 I have been working on this project for six months now.나는 이 프로젝트 작업한지 6개월째다.에서 work라는 단어를 사용하고 있는데, 왜 현재완료 진행형만 맞는지 의문을 가질 수 있습니다. 이것은 어제도, 오늘도, 내일도 나가는 그런 직장을 다닌다는 의미가 아니라, 일시적으로 프로젝트성 작업을 한다는 특별한 의미이기 때문에, 동작이 강조되어 현재완료 진행형만 옳은 것입니다. 다시 말해, 원래 진행형은 일시적, 한정적 기간을 가리키는데 사용됩니다. 위 예문에서 'for six months'라는 한정된 기간이 나오기 때문에 현재완료 '진행형'이 맞는 것입니다. 우리가 다른 언어를 공부할 때는 꼼꼼하고 섬세해지려 노력할 필요가 있습니다. 어학 공부는 원래 그런 겁니다. 디테일이 핵심!

12

더 좋아질 거야.
It's going to get better.

"It won't always be like this. It's going to get better."는 '계속 이렇진 않을 거다. 더 좋아질 것이다.'라는 말로 북아일랜드 언론인 라이라 맥키(Lyra McKee)가 한 말입니다. 지금 순간에 절망한 동료나 친구가 있다면, 희망을 주는 말로 위로해주세요. 위로와 격려가 담긴 '지금보다 더 좋아질 것'이라는 말은 영어로 어떻게 표현할까요?

오늘의 문법 포인트
비교급과 최상급

위로나 조언의 말에는 비교급이 많이 들어갑니다. 유명한 명언들로 비교급을 익혀볼까요?

✓ **Better** to give **than** to receive. 받는 것보다 주는 것이 더 좋다.

✓ **Better** safe **than** sorry. 후회하는 것보다 안전한 것이 더 낫다.

✓ **Better** late **than** never. 안하는 것보다 늦게라도 하는 것이 낫다.

✓ **Better** to have loved and lost **than** never to have loved at all.
한 번도 사랑해본 적 없는 것보다는, 사랑해보고 실연당해본 것이 더 낫다.

비교급을 이용한 말들 중 가장 짧고 유용한 표현을 들자면, better than nothing이 있습니다. 아무것도 없는 것보다 뭔가 있는 게, 아무것도 하지 않는 것보다 뭔가 하는 게 낫다고 할 때 쓰는 표현입니다.

✓ As I get **older**, I pay less attention to what men say. I just watch what they do.
나이가 들어감에 따라, 나는 사람들이 하는 말에 관심을 덜 기울인다. 나는 그저 그들이 뭘 하는지를 관찰한다.

'As I get older나이가 들면서'는 일상 대화에서 많이 사용하는 표현입니다. 주의할 점이라면, 'as I get old'라고 사용하지 않고 비교급 older를 쓰는 게 자연스럽다는 겁니다. 점점 나이가 들어가는 상황을 표현하고 있는 것이기 때문입니다.

- ✔ Things will be **better**, just wait. 상황은 더 나아질 것이다, 그저 기다려라.
- ✔ Hard times made you **stronger**. 힘든 시기가 당신을 더 강하게 만든다.
- ✔ Storms make trees take **deeper** roots.
  폭풍우가 나무 뿌리를 더 깊이 들어가게 한다. - 돌리 파튼(Dolly Parton)
- ✔ It is **better** to look ahead and prepare **than** to look back and regret.
  뒤돌아보고 후회하는 것보다 앞을 내다보면서 준비하는 것이 더 좋다.

원급, 비교급, 최상급을 익히기 좋은 명언들을 좀 더 살펴봅시다.

- ✔ **Good**, **better**, **best**. Never let it rest, till your **good** is **better** and your **better** is **best**.
  좋게, 더 좋게, 가장 좋게. 좋은 것이 더 좋게 되거나, 더 좋은 것이 가장 좋은 것이 될 때까지 절대 쉬지 마라!
- ✔ **The smallest** change can make **the biggest** difference.
  가장 작은 변화가 가장 큰 차이를 만들 수 있다.

최상급 표현과 유사한 표현인 최초, 최후란 뜻을 가진 **the first, the last** 등도 익혀두세요.

- ✔ Today is **the first** day of the rest of your life. 오늘은 당신의 남은 생의 첫날이다.

보충학습 ▶ 부정어+비교급=최상급

영어에는 비교급을 부정하는 방식으로 최상급을 표현하는 방식이 있습니다. 우리말에서는 자주 사용하는 방식이 아니지만, 영어에서는 매우 일상적인 표현이니 익혀두고 필요한 상황에 사용해보세요.

- ✔ It couldn't be **better**. 이보다 더 좋을 수는 없을 것이다.

이 문장은 '지금이 최고다!'라는 뜻입니다. 이 문장의 과거표현은 It couldn't have been better.이보다 더 좋을 수는 없었을 거야. 최고였어!입니다.

✔ I know you think I don't care, but nothing could be further from the truth. 나는 당신 생각에 내가 아무 상관하지 않는 것 같지만 그보다 더 사실과 먼 것은 없다. (즉 나는 걱정 많이 하고 있다.)

✔ I couldn't agree more. 이보다 더 많이 동의할 순 없을 거야. (즉, 100% 동의해.)

✔ I couldn't agree with you more.
더 이상 너에게 동의할 수 없다. (즉, 동의할 수 있는 최대치를 한다란 뜻인 만큼 "전적으로 동의한다"는 의미!)

✔ You could not have come at a more convenient time.
넌 이보다 더 편리한 때에 올 수는 없었을 거야. (즉, 가장 편리한 때에 왔다.)

한문에 일신우일신(日新又日新)이라는 말이 있습니다. 날이 갈수록 새로워진다는 뜻입니다. 비슷한 말로, 절차탁마 대기만성(切磋琢磨 大器晚成)도 있습니다. 매일매일 깎고 다듬어 크게 성공한다는 뜻입니다. 공부든 뭐든 인생에서 주어진 것에 임하고 해내는 사람에게 필요한 자세입니다. 영어로는 이런 문장들이 어울릴 것 같습니다.

✔ I've worked really hard to get to where I am.
나는 내가 있는 지금 위치까지 오기 위하여 정말 열심히 일했다.

✔ Slow and steady wins the race. 천천히 꾸준히 하면 경주에서 이긴다.

Check point

다음 글을 읽고 빈칸에 알맞은 표현을 써보세요.

Great things happen to me today. 굉장한 일이 오늘 내게 일어났다.

I found my name on the promotion list. 승진자 명단에 내 이름이 있었다.

I couldn't believe my eyes. 내 눈을 믿을 수가 없었다.

_____ 이보다 더 좋을 수 없었다.

13

사람이 많을수록 더 즐겁지!

The more, the merrier.

가끔은 혼자 있는 시간도 필요하지만, 인간은 사회적 동물이라 함께 있을 때 역시 더 즐겁지요. The more people이라고 하지 않고, 그냥 the more만 사용한 표현입니다. merrier는 즐겁다는 뜻을 가진 단어 merry의 비교급입니다.

오늘의 문법 포인트
비교급+비교급으로 완성되는 부사

비교급 중에 **the more**는 참 경제적이고 유용합니다. 단어도 많이 쓰지 않으면서 재미있는 표현을 만들기 때문이지요. 일상적인 문장에서부터 명문장까지 살펴보며 오늘의 문법 포인트를 정리해볼까요?

✔ **The colder** it is, **the hungrier** I get. 추우면 추울수록 더욱더 나는 배가 고파진다.

✔ **The more** a man knows, **the more** he forgives.
아는게 많아질수록 더욱 더 용서하는 마음이 많아진다.

✔ **The more** I thought about it, **the less** I liked the idea.
그것에 대해 더 생각할수록, 나는 그 생각이 덜 좋아진다.

✔ It always seems like **the more** I earn, **the more** I spend.
더 많이 벌수록, 항상 더 많이 쓰게 된다.

✔ **The more** I practice, **the more** I remember.
연습을 더욱 더 할수록, 더욱더 기억을 잘한다.

예시 대화문도 살펴봅시다.

A How do you like your coffee? 커피 어떻게 해드릴까요?
B **The stronger, the better.** 진할수록 좋아요.

하나 더!

A Which car should we rent? 어떤 차를 빌려야 하지?
B The cheaper, the better. 싸면 쌀수록 좋지.

풍부하게 공부할수록 더 좋습니다. 다다익선(多多益善)! 예문은 많으면 많을수록 더 좋지요! The more, the better!

✓ The older we grow, the wiser we become. 성장할수록 더 현명해진다.
✓ The higher you climb, the colder it gets. 더 높이 오를수록 더욱 추워진다.
✓ The richer one grows, the greater one's worries. 부자가 될수록 걱정이 더 커진다.
✓ The less you spend, the more you save. 덜 쓸수록 더 많이 저축한다.
✓ The sooner they go, the better it is. 일찍 갈수록 더 좋다.
✓ The bigger the risk, the greater the reward. 위기가 크면 클수록 보상이 더욱 더 크다.
✓ The more music he performs, the better. 음악을 더욱 더 연주할수록 더욱더 좋아진다.

좀 더 긴 문장에 도전해볼까요?

✓ The harder I study, the better score I can get in TOEIC exam.
더욱 더 열심히 공부할수록 더 좋은 점수를 토익에서 받을 수 있다.
✓ The larger the number of people interested in art, the happier the society is. 예술에 더욱 더 관심을 많이 가질수록 사회는 더욱 더 행복해진다.
✓ The more fitness centers is available, the healthier the people is.
헬스 클럽이 더 많이 이용가능 할수록 사람들은 더욱 더 건강해진다.
✓ The less you care, the happier you are. 걱정이 적을수록 당신은 더욱 더 행복해진다.

이번 장에서는 보충학습이 없습니다. 대신 위에 제시한 많은 예문들을 반복해서 소리 내어 읽어보세요. 마지막으로 미국의 영적 스승이자 작가인 마리안 윌리엄스의 말을 인용합니다.

"The more we ignore our childhood wounds, the more they fester and grow. 우리가 어린 시절의 상처를 무시할수록, 그 상처들은 더욱 더 널리 퍼지고 성장한다. —마리안 윌리암스(Marianne Williamson)*"*

사람들마다 상처를 안고 삽니다. 과거의 상처는 누구나 생각하고 싶지 않을
수 있지요. 그러나 무서운 일, 두려워하는 일을 피하려 하기만 하다보면 그
일은 더욱 더 무섭고 커집니다. 이제 마주볼 필요가 있습니다. 과거는 과거,
미래는 미래. 우리는 주어진 현재에 충실하기만 하면 됩니다. 영어 공부도 마
찬가지입니다. 쉽게 공부할 수 있는 방법은 따로 없습니다. 하루하루 성실하
게 주어진 일을 하는 게 전부입니다.

14

우리 앞에는 훨씬 더 좋은 일들이 있다.

There are far better things ahead.

과거에 후회할 일이 많아도, 뒤돌아보지 말고 앞으로 있을 좋은 일들과 행복을 기대하며 삽시다. 오늘의 표현으로 고른 이 문장은 아동 판타지 문학 나니아 연대기 작가로 유명한 C.S.Lewis가 한 말입니다. 그는 작가였을 뿐만 아니라 케임브리지 대학 교수이자 비평가였습니다. 이 문장에서 far better를 짚고 넘어가려 합니다. 왜 very better라고 쓰지 않았을까요?

오늘의 문법 포인트
비교급을 강조하는 부사들

far better 대신 very better라고 쓰면 틀린 표현이 됩니다. 영어에는 원급을 수식하는 부사와 비교급을 수식하는 부사가 따로 있기 때문입니다.

far는 비교급을 강조하는 대표적인 부사입니다. 예문을 볼까요? 미국 여배우 마릴린 먼로가 했던 말입니다.

> ✓ It's far better to be unhappy alone than unhappy with someone.
> 누군가와 함께 불행한 것보다 혼자서 불행한 것이 훨씬 더 낫다.

기본적으로 형용사 원급을 꾸미는 대표적인 단어로 **very**와 **so**가 있습니다.

> ✓ The situation is **very** serious. 상황이 매우 심각하다.
> ✓ The house is **so** beautiful. 그 집은 너무나 아름답다.
> ✓ I didn't know she had **so** many cars! 나는 그녀가 차를 그렇게 많이 가지고 있는지 몰랐다.
> ✓ That was a **very** brave thing to do. 그것은 실제 행동하기에 매우 용감한 일이었다.

하지만 원급보다 더 강한 것을 표현하는 비교급을 수식하는 부사들은 따로 있습니다.

비교급을 수식하는 단어나 어구들을 정리해볼까요?

> even 심지어
> far, a lot, much, still 훨씬 더
> any, a little, a bit 약간
> significantly, considerably 상당히
> slightly 아주 약간

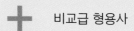 비교급 형용사

짧은 예문부터 긴 예문까지 살펴볼까요?

✓ My brother is **much** younger than me. 내 동생이 나보다 많이 어리다.
✓ Jill is **a little** shorter than Kim. Jill이 Kim보다 약간 키가 작다.
✓ My new computer is **much** better than my old one.
나의 새 컴퓨터는 예전 컴퓨터보다 훨씬 더 좋다.

이 문장에서 **much better** 대신에 very better나 more better를 사용할 수 없습니다. better가 이미 비교급인데 그 앞에 비교급 more를 쓰면 엉터리 영어가 되지요.

✓ The ice cream is **a little** more expensive than the candy.
그 아이스크림이 그 캔디보다 조금 더 비싸다.

a little more expensive 대신에 **slightly more expensive**나 **a bit more expensive**라고 써도 괜찮습니다.

✓ The cake is **much** more expensive than the candy.
그 케이크는 그 캔디보다 훨씬 더 비싸다.

much more expensive는 **a lot more expensive**나 **far more expensive**, 또는 **way more expensive**로 쓸 수 있습니다. 여기서 way는 부사로 쓰였고, way more는 '훨씬 더 많이'란 뜻입니다. 이렇게 사용되는 부사 way도 있다는 것을 기억해두면 여러분의 영어는 한층 업그레이드 될 것입니다.

✔ This car is **a bit more expensive than** this motorcycle.

이 차는 이 오토바이보다 조금 더 비싸다.

✔ This motorcycle is **a bit less expensive than** this car.

이 오토바이는 이 차보다 조금 덜 비싸다.

- -

✔ This house is **way bigger than** that apartment.

이 집은 저 아파트보다 훨씬 더 크다.

✔ That apartment is **way smaller than** this house.

이 아파트는 이 집보다 훨씬 더 작다.

- -

✔ The number of registrations has been **slightly lower than** we expected. 등록자 수가 우리가 예상했던 것보다 약간 더 낮았다.

✔ Houses in my city are not **much more expensive than** apartments.

내가 사는 도시에서는 단독주택이 아파트보다 훨씬 더 비싸다.

이번 장 역시, 예문들을 반복해서 소리 내어 읽는 것으로 마무리하고 보충학습은 없습니다. 마지막으로, 비교급을 사용한 표현 중 Harry Potter의 작가 J.K.Rowling이 했던 말을 들려주고 싶습니다.

> "*Indifference and neglect often do much more damage than outright dislike.* 무관심과 무지는 철저한 혐오보다 훨씬 더 많은 피해를 준다.
> –조앤 롤링(J.K.Rowling)"

자기 자신을 사랑하는 것을 잊지 마세요.

Don't forget to love yourself!

미국 여가수 휘트니 휴스턴(Whitney Houston)의 유명한 노래 'Greatest love of all'의 가사 중 이런 내용이 있습니다.

"The greatest love of all 가장 큰 사랑을

Is easy to achieve 얻는 건 쉬워요.

Learning to love yourself 자기 자신을 사랑하는 것,

It is the greatest love of all 그게 가장 위대한 사랑이에요."

이런 의미에서 '자신을 사랑하라'는 메시지를 담은 오늘의 표현을 익혀볼까요?

오늘의 문법 포인트
재귀대명사

재귀대명사란 주어가 나온 것을 다시 한 번 반복하여 쓰는 것을 말합니다. 나 자신, 너 자신, 그들 자신, 그것 자체 등으로 해석됩니다. 예문을 통해 재귀대명사에 대해 좀 더 살펴볼까요?

✔ If you want to love others, I think you should love **yourself** first.

당신이 다른 사람을 사랑하고 싶다면, 우선 당신 스스로를 사랑해야 한다.

✔ I pride **myself** on respecting my colleagues.

나는 내 동료들을 존경하는데 자부심을 느낀다.

✔ The children enjoyed **themselves** at the party. 아이들은 파티에서 즐겁게 놀았다.

✔ My husband and **myself** were delighted with the gift.

남편과 나는 그 선물에 기뻤다.

✔ Teachers needed to familiarize **themselves** with the new rules.

선생님들을 새로운 규정들에 익숙해질 필요가 있었다.

✔ What you do not want done to **yourself**, do not do to others.

당신 자신에게 행하여지기 원하지 않는 것을 남에게 행하지 마라. -공자(Confucius)

✔ Be **yourself**; everyone else is already taken.

당신 자신이 되라! 다른 사람들 자리는 다 주인이 있다. -오스카 와일드(Oscar Wild)

✔ The only secrets are the secrets that keep **themselves**.

유일한 비밀은 그대로 있는 비밀뿐이다. - 버나드 쇼(George Bernard Shaw)

재귀대명사에는 두 가지 용법이 있습니다. 지금까지 보여드린 오늘의 표현을 포함한 모든 예문들에서는 사실 재귀대명사가 빠지면 틀린 문장이 됩니다. 즉, 예문에서 myself, yourself, themselves는 각각의 문장에서 없으면 틀리는 문장이 됩니다. 이런 재귀대명사의 용법을 **재귀용법**이라고 합니다.

한편 문장에서 이것을 빼도 별 탈이 없는 문장들이 있습니다. 예를 들면 다음과 같은 문장들이 그렇습니다.

✔ I did it **myself**. 내가 직접 했어요.

✔ I am a stranger here **myself**. 저도 여기 처음이에요.

✔ I **myself** don't like a heavy meal at breakfast.

제 자신도 아침밥을 많이 먹는 것을 좋아하지 않는다.

예시 문장에 사용된 재귀대명사를 **강조용법**이라고 합니다. 말 그대로 강조하려고 재귀대명사가 들어간 경우입니다.

보충학습 ▶ 이중소유격에 대해 알아보기

재귀대명사를 다룬 김에 소유대명사까지 함께 정리하면 좋겠습니다. 나의 것, 너의 것, 그들의 것이 바로 소유대명사의 기본입니다. 이중 '이중소유격'을 우선 알아둡시다.

- ✔ She's an old friend of mine. 그녀는 나의 오랜 친구이다.
- ✔ I am a friend of hers. 나는 그녀의 친구 중의 하나다.
- ✔ He introduced us to some friends of his.

위의 문장들에서 of 다음에 소유대명사 mine, hers, his 대신 me, her, him을 쓰면 틀립니다.

잠깐! his는 형용사로 '그의'라는 의미도 있지만, 이 문장에서는 '그의 것'이라는 대명사로 쓰였습니다. 형태가 똑같지만, 품사도 용도도 다르니 주의해서 구분하세요.

일반적인 소유대명사의 용법은 다음 문장들로 정리해보세요. 소유대명사는 '누구누구의 것'처럼 그 해당하는 자의 소유임을 나타내는 대명사입니다.

- ✔ Is this pen yours? 이 펜은 당신 것인가요?
- ✔ Mine is the red car, the convertible. 내 차는 빨간색 오픈카이다.
- ✔ Theirs is that big house with the big trees outside.
  그들의 집은 밖에 큰 나무들이 있는 저기 저 큰 집이다.
- ✔ Some films are slices of life, mine are slices of cake. 어떤 영화들은 인생에 관한 것인
  데, 내 영화들은 케이크의 조각들이다. -알프레드 히치콕(Alfred Hitchcock)

우리는 스스로 즐길 줄 알아야 해요.

We must remember to enjoy ourselves.

영어를 우리말로 옮길 때 직역하면 어색하게 들리는 것들이 꽤 있습니다. 'Enjoy yourself!' 같은 경우도 그렇습니다. 직역하면 '자신을 즐기세요!'가 되겠지만, 이 말은 식사를 편히 즐겁게 하라는 뜻도 되고, 그냥 '당신 편할 대로 하세요.'라는 의미의 'Suit yourself!'와 비슷한 의미로 사용되기도 합니다. 또 remember를 꼭 '기억하다', '명심하다' 같은 우리말로만 해석하려고 하지 않아도 됩니다. 반드시 알아두어야 하는 것들에 대해서도 remember를 사용할 수 있습니다. 외국어를 배울 때, 매번 우리말로 일대일 매칭을 하려 하지 말고, 영어가 사용되는 맥락 그 자체를 이해하고 받아들이는 습관이 필요합니다. 한편 remember는 목적어를 to부정사를 취하느냐, -ing형을 취하느냐에 따라 해석이 완전히 달라집니다. remember to와 remember -ing의 차이가 뭔지 살펴볼까요?

오늘의 문법 포인트
remember, forget, regret의 공통점

remember, forget, regret은 목적어가 to부정사일 때, -ing형일 때 해석이 달라진다는 공통점이 있습니다.

to부정사를 목적어로 사용할 때, 즉 remember to~, forget to~, regeret to~의 형태로 사용된다면 **'앞으로 ~할 것들'**을 기억하고remember, 잊고forget, 후회regret하는 것이 됩니다.

remember / forget / regret + to부정사

to는 '~로 향하다'는 의미가 있어 to부정사 형태를 목적어로 취해야 하는 동사들은 미래의 의미를 내포하고 있습니다.

−ing 동명사를 목적어로 사용할 때, 즉 remember −ing, forget −ing, regeret −ing의 형태로 사용된다면 '과거에 ~한 것'을 기억하고remember, 잊고forget, 후회regret하는 것이 됩니다.

remember / forget / regret + −ing

역시, 마무리 확인은 예문 살펴보기입니다. 예문은 소리 내어 읽고, 반복해서 읽는 거 기억하시고요!

✔ **Remember to call me when you arrive.** 도착하면 내게 전화하는 거 기억해.
✔ **Remember to always be yourself.**
항상 자기 자신이 될 것을 기억하라. (앞으로 그러라는 말이죠.)

✔ I still **remember buying** my first house.
나는 내 첫 집을 샀던 일을 여전히 기억해. (과거에 산 일을 기억하는 거예요.)
✔ I don't **remember** ever **visiting** this museum.
내가 이 박물관을 방문했는지 기억이 안 나. (과거에 방문했는지 지금 기억이 없다는 말예요.)

✔ I **forgot to email** her.
나는 그녀에게 이메일을 보내야 하는 것을 잊었어. (앞으로 해야 할 일을 잊은 거네요.)
✔ I'll never **forget meeting** her for the first time.
나는 그녀를 처음 만난 순간을 잊지 못할 거야. (과거에 만난 일을 앞으로 미래에도 잊지 못할 것이라는 의미)

✔ I **regret quitting** my job – it was a stupid thing to do.
나는 직장을 그만 둔 것을 후회해. 참 어리석은 일이었지.
✔ I **regret to** say that I cannot help you at the moment.
지금 너를 도울 수 없다고 말하게 되어 유감이야. (안타깝지만 못 도와준다는 말!)

regret to는 앞으로 있을 유감스러운 나쁜 소식을 전할 때 많이 쓰여요!

❶ go on

go on to부정사는 '어떤 일을 끝내고 연이어서 다른 일을 하다'는 의미입니다.
go on -ing는 '하던 일을 계속하다'는 의미이고요. 예문들을 살펴봅시다.

✔ The book goes on to describe his experiences in the army.
  이 책은 그리고 나서 군대에서의 그의 경험을 얘기한다.

✔ After her early teaching career she went on to become a mayor.
  초기에 가르치던 직업을 거쳐서 시장이 되었다. (교사로 일하다가 연이어서 시장이 되었다는 의미!)

✔ We really can't go on living here - we'll have to find a bigger house.
  나는 계속 여기 살 수 없다. 우리는 더 큰 집을 찾아야 한다.

----

❷ try

try to부정사는 '~를 하려고 노력하다'는 의미이고, try -ing는 '~를 시험 삼아 해보다'
는 의미입니다. 예시 대화를 한번 볼까요?

A I tried to reach Mason at work, but the line was busy.
  내가 직장에 있는 Mason에게 연락하려 했지만, 전화가 통화 중이었어.

B Why didn't you try calling him on her mobile?
  그럼 한번 휴대폰으로 그에게 전화해보는 게 어때?

풍문으로 들었소!

I heard it on the grapevine.

오며가며 들리는 소문에 의해 듣게 되는 소식들이 있습니다. 소문이다 보니 정확한 사실인지는 모르더라도 말이죠. 진위를 알 수 없는 소문과 관련된 영어 단어로 rumor가 있습니다. 타인에 대해 수근거린다는 의미로 gossip이란 단어도 있는데, 사실에 대한 수근거림이니 rumor와는 조금 다릅니다. rumor, gossip 둘의 공통점은 부정적인 뉘앙스가 있다는 것입니다. 그러니 특별히 부정적인 뉘앙스 없이 '그저 오며가며 들리는 소문에 들었다'고 말할 수 있는 영어 표현도 알아두면 좋습니다. 이때 사용할 수 있는 영어 단어가 바로 포도넝쿨을 가리키는 the grapevine입니다.

오늘의 문법 포인트
전치사 on과 어울리는 표현들

풍문이란 '바람에 실려 오는 소문'이라는 뜻입니다. 그러나 영어에서는 wind 바람가 아니라 grapevine포도넝쿨이란 단어를 사용합니다. 소문을 퍼뜨리는 비공식 경로를 포도넝쿨에 비유하지요. 그래서 포도넝쿨을 통해 들었다는 표현이 우리말로는 '풍문으로 들었소'란 의미가 됩니다. 'I heard it on the grapevine.'에서 전치사 on 대신 through를 사용해서 'I heard it through the grapevine.'이라고도 합니다. 이 문장은 1960년대 흑인 가수 마빈 게이(Marvin Gaye)의 노래 제목으로도 유명합니다.

다른 예문들도 좀 더 살펴볼까요?

> ✔ **I heard on the grapevine** that you're leaving. 나는 네가 떠난다는 풍문을 들었다.
> ✔ **I heard on the grapevine** that she was pregnant, but I don't know anything more. 나는 그녀가 임신했다는 소문을 들었다. 그러나 더는 잘 모른다.
> ✔ **I heard on the grapevine** that John is planning to propose to Iris.
> 나는 풍문으로 John이 Iris에게 청혼을 할 계획이라는 소식을 풍문으로 들었다.

전치사 on과 어울리는 유익한 표현들을 몇 개 더 정리해봅시다.
우선, '~에게 잘 어울린다'라고 할 때 전치사 on을 씁니다. 예문 보시죠!

✔ It looks good **on you.** 그거 당신에게 잘 어울려요.

✔ Pink is really **nice on you.** 분홍색이 당신에게 정말 잘 어울려요.

✔ The dress **looks nice on you.** 그 드레스 당신에게 잘 어울려요..

'대기자 명단에'라고 말할 때도 전치사 on이 쓰여서 **on the waiting list**라는 표현이 나옵니다.

✔ We can put your name **on the waiting list.**
우리가 당신 이름을 대기자 명단에 넣어드릴 수 있어요.

✔ We're putting you **on a waiting list** for a new kidney.
당신을 신장 수혜자 대기자 명단에 넣어드리겠습니다.

✔ The university said they'd put me **on the waiting list.**
그 대학은 나를 대기자 명단에 넣겠다고 말했다.

그런데 on the spot 앞에 put someone이 붙어 **put someone on the spot** 으로 쓰일 경우에는 새로운 표현이 됩니다. 이 표현은 '누군가에게 즉석에서 강요하는 것'을 의미합니다.

✔ Don't **put me on the spot.** I can't give you an instant answer.
나에게 즉답을 강요하지 마! 나는 바로 답을 줄 수가 없어.

✔ You shouldn't **put friends on the spot** by asking them to hire your family members. 너는 친구에게 당신의 가족을 고용시켜달라고 요청함으로써 당황하게 해서는 안 된다.

✔ The reporter's questions were clearly designed to **put the president on the spot.** 그 기자의 질문은 분명히 대통령을 당황하게 하려는 의도가 있었다.

보충학습 ▶ spot을 이용한 색다른 표현 익히기

우선 spot은 '자리'라는 1차적인 의미가 있지만, 이 뜻으로 직역하면 어색해지고 통째로 이해해야 하는 구어체 표현이 있습니다.

✔ That hit the spot! 바로 이 맛이야!

✔ Can you spot me? 나 좀 봐줄래?

That hit the spot!
정확하게 바로 그 자리(지점)을 쳤다는 뜻으로 '바로 이거야!'와 같은 통쾌함을 표현하는 감탄에 이용할 수 있습니다.

Can you spot me?
옆에 자리 잡고 있어달라는 말이니, 옆에서 좀 지켜봐달라는 뜻이 되죠.

Check point

다음 대화에서 빈칸을 채워보세요.

A: How do you know the couple is going to break up?

그 커플이 깨질 걸 어떻게 알아?

B: _____. 풍문으로 들었어.

18

다리가 저리다.
My leg is asleep.

우리말을 영어로 표현하려 할 때, 어려운 말이 아니지만 영어로 적합한 단어가 떠오르지 않을 때가 있습니다. '다리가 저리다'와 같은 말도 예가 될 수 있지요. '쥐가 나다' 또는 '저리다'와 일치하는 단어를 찾아 외우는 것보다는, 해당하는 상황을 나타내는 영어 표현을 익히는 것이 유용할 수 있습니다. '잠든', '자고 있는'이란 뜻으로 잘 알고 있는 형용사 asleep이 이럴 때 사용됩니다. 저려서 감각이 무뎌진 다리를 '잠든 상태'에 비유한 표현이라고 생각하면, 기억하기 좋을 겁니다.

오늘의 문법 포인트
'a-'로 시작하는 서술형용사

asleep은 형용사로 '잠든', '자고 있는'이란 뜻을 가지고 있습니다. 이 단어에는 특별한 점이 있습니다. asleep은 형용사지만, 다른 형용사들과 달리 be동사 뒤에만 위치할 수 있고, 명사 앞에 위치하여 명사를 수식할 수 없습니다. 즉 an asleep leg처럼 사용할 수 없다는 말입니다. 이렇게 서술적 용법으로만 쓸 수 있고, 수식은 불가능한 이런 형용사를 **서술형용사**라고 합니다. 참고로 형용사가 명사를 꾸미는 역할을 하는 것은 한정적 용법이라고 합니다.
본래 asleep의 a는 전치사 on의 의미였다고 합니다. 즉 'asleep=전치사 on+명사 sleep'이므로 이것이 명사 앞에 위치하여 해당 명사를 꾸미는 것이 어색하게 된 거죠.

✓ I easily fall **asleep** during a movie. 나는 영화 보다가 쉽게 잠든다.
✓ Always kiss your children goodnight, even if they're already **asleep**.
아이들이 이미 자고 있다 하더라도, 항상 자기 전에 키스를 해줘라.

asleep 외에도 a-로 시작하는 다음과 같은 단어들도 be동사 뒤에 옵니다. 이런 형태를 가진 형용사들을 알아보고, 이것들의 서술적 용법을 예문을 통해 좀 더 살펴봅시다.

afraid	두려운	alike	같은	alive	살아있는
alone	홀로	amiss	잘못된	ashamed	부끄러운
awake	깨어있는	aware	인식하는	astray	길을 잃은

이 형용사들은 be동사 부류 뒤에 위치하는 특징이 있습니다. 다음 예문들을 보고 해당 형용사의 위치도 확인해봅시다.

✓ The children all look very **alike**. 그 아이들은 모두 다 비슷하게 생겼다.
✓ It's a handy size and good for kids and adults **alike**.
그것은 크기도 적당하고, 아이나 어른이나 똑같이 좋다.
✓ The policy was denounced by teachers and students **alike**.
그 정책은 선생님들과 학생들 모두로부터 비난받았다.

alike에 대해 조금 얘기하겠습니다. alike는 형용사로 '비슷한, 유사한'이란 뜻을 지니고 명사 뒤에서 수식합니다. 위의 예문에서는 엄밀히 말하면 부사로 볼 수 있습니다. 부사로 사용될 때에도 뒤에서 수식하고, '똑같이, 유사하게'라고 해석됩니다. 동의어는 equally, both입니다. alike! 형용사건 부사건 후위 수식한다는 것에 주의해주세요!

✓ He was **ashamed** to admit to his mistake. 그는 자신의 실수를 인정하는 게 수치스러웠다.
✓ I was **awake** and I woke up to find myself **asleep**.
나는 잠에서 깨었고 깨어나 보니 내가 유명해진 것을 알게 되었다.
✓ I became **aware** that all sounds can make meaningful language.
나는 모든 소리가 의미있는 언어가 될 수 있다는 것을 알게 되었다.
✓ Don't be **afraid** to give up the good to go for the great.
더 위대한 일을 위해서 좋은 것을 포기하는 것을 두려워하지 말라.
✓ You can't be **afraid** to fail. It's the only way you succeed.
당신은 실패하는 것을 두려워할 필요가 없다. 그것은 당신이 성공할 수 있는 유일한 방법이다.

보충학습 ▶ a blessing in disguise (위장된 축복)

학습이라기 보단, 쉬어가는 의미로 재미있는 표현을 하나 알려드리겠습니다. 일병장수 무병단명(一病長壽 無病短命)이라는 말이 있습니다. 이것을 무병조사 일병장수(無病早死 一病長壽)라고도 합니다. 병이 하나 있으면 그 병을 조심하다가 오래 살고, 병이 없으면 오히려 건강을 자신하다가 일찍 죽을 수 있다는 말입니다. 쉽게 골골하는 사람이 오래 산다고 '골골장수'라는 말도 있지요. 이에 관련된 예문을 하나 만들어볼까요?

- ✓ Her illness proved to be a blessing in disguise.
  그녀의 병은 (겉으로 보기에는 불행이지만) 알고 보니 위장된 축복이었다.

- ✓ An evil may sometimes turn out to be a blessing in disguise.
  때로는 당신에게 벌어진 힘든 일이 위장된 축복으로 드러날 때가 있습니다.

옛날에 말에서 떨어진 아들이 다리를 다쳐 군대에 나가지 않아 죽지 않게 돼 결국 다리 다친 것이 복이 되었다는 이야기인 새옹지마(塞翁之馬)와 같은 취지로 사용할 수 있습니다. 지금 불행한 일들로 마음이 심란한 분들은 이것이 a blessing in disguise일 수도 있다고 생각하면 어떨까요?

그녀는 자면서 잠꼬대를 하곤 했어.

She used to talk in her sleep.

그녀가 한때는 잠꼬대를 했으나 지금은 그런 버릇이 없어졌을 때, 단순 과거형으로 쓸 수 없습니다. 이렇게 과거의 습관을 나타낼 때에는 'used to+동사원형'을 씁니다. 우리말로 '~하곤 했어.(지금은 하지 않지만 과거에)'라고 이해하면 됩니다.

'잠꼬대'를 영어로 말하려 할 때 말문이 막힐 수 있습니다. 자신의 어휘력을 탓하기 보단, 순발력을 탓하세요. 잠꼬대란 단어를 외우고 계실 필요는 없습니다. 회화 실력을 늘리려면 어려운 어휘를 많이 외우기 보단, 단어의 뜻을 풀어서 쉽게 표현할 수 있는 순발력이 중요하거든요. 자면서 말하는 것이 잠꼬대니, 풀어 쓴 말 talk in one's sleep 또는 sleep talking이라고 하면 됩니다.

오늘의 문법 포인트
used to와 would의 차이

과거의 습관을 표현할 때 used to+동사원형과 would+동사원형을 사용합니다. 그런데 우리나라 교재들에 아직도 'used to+동사원형'은 과거의 규칙적인 습관이고, 'would+동사원형'은 과거의 불규칙적인 습관이라고 설명하는 경우가 있습니다. 하지만 이 설명은 옳지 않습니다. 오늘 이 둘의 차이에 대해 정확하게 설명해드리겠습니다.

used to+동사원형은 과거의 행동과 상태를 모두 묘사하는데 쓸 수 있고, would+동사원형은 과거의 행동 즉, 동작만 묘사하는데 쓸 수 있습니다.

✓ I used to go dancing. 나는 전에 춤추러 다니곤 했다. - dance는 동작

✓ Joe used to love dancing, but he doesn't do it any more.
Joe는 춤추는 것을 좋아했는데 지금은 더 이상 춤을 추지 않는다. - love는 상태

✓ I used to paint. 나는 예전에 그림을 그리곤 했다. - paint는 동작

✓ I used to babysit a lot, and I used to be a nanny. 나는 아이돌보는 일을 많이 했고,
실제 나는 유모로 일했었다. - babysit(아이를 돌보다)은 동작, be동사는 상태

이렇게 used to 다음에는 동작동사, 상태동사 모두가 올 수 있습니다. 그런데 would 뒤에는 동작을 묘사하는 동사만 옵니다.

> ✓ **I would go** up to town on my own. 나는 혼자 도시에 가곤 했다.
> ✓ All the teenagers **would scream** at pop concerts.
>   모든 10대들이 팝 콘서트에서 소리 치곤 했다.

이 문장에서 **would** 대신에 **used to**를 써도 됩니다. 그런데 'They used to be crazy about BTS. 그들은 BTS에 대해 열광하곤 했다.' 이 문장의 경우 be동사가 상태동사를 나타냅니다. 그래서 used to 자리에 would를 쓰면 틀린 문장이 됩니다!

보충학습 ▶ be used to+명사/—ing

used to+동사원형과 be used to+명사/—ing는 전혀 다릅니다. used to+동사원형과 달리 be used to+명사/—ing는 "익숙하다"라는 의미로 쓰입니다.

✓ I am used to lots of noise. 나는 심한 소음에 익숙하다.

✓ I am used to working late. 나는 늦게까지 일하는데 익숙하다.

✓ I'm used to competition. 나는 경쟁에 익숙하다.

✓ I'm used to bad reviews. 나는 악평에 익숙하다.

used to+동사원형과 be used to+명사/—ing를 한 번에 정리할 수 있는 예문으로 마무리합시다!

✓ I used to be a fighter and I'm used to taking weight off.
   나는 예전에 격투기 선수였어서 살을 빼는데 익숙하다.

날 보러 와요!
Come see me.

회화에서는 문법 상 반드시 있어야 할 것 같은 단어를 빠뜨린 채 자연스럽게 사용하기도 합니다. 회화에서는 언어의 경제성을 추구하다보니 빈번하게 나타나는 현상입니다. 우리말도 일상 대화에서 조사나 접속사 등을 생략하기도 하지요. "밥 먹었어?", "너 밥을 먹었어?" 둘 다 문법에 맞는 표현이고 모두 사용할 수 있지만, 대부분 전자가 더 자연스러운 표현이라고 생각할 것입니다. 똑같은 사례는 아니지만, 비슷한 예가 될 수 있는 영어 표현으로 "Come see me."가 있습니다.

오늘의 문법 포인트
생략과 축약을 허용하는 회화 속 문법

누군가는 "Come see me."라는 말을 들었을 때 '어딘가 어색하다' 또는 '틀린 문장인가?'라고 생각할 수 있습니다. "Come to see me.", "Come and see me."라고 하면 어떤가요? 우리가 배운 문법이 잘 적용되어 "Come see me."보단 편안하게(?) 들리실 겁니다. 하지만 원어민들은 굳이 to나 and를 넣는 번거로움을 피하고, **"Come see me."** 또는 **"Come and see!"**라고 한답니다. 다양한 예문을 살펴봅시다.

- ✓ **Come have fun with us.** 와서 우리랑 재밌게 놀아요.
- ✓ **Please come see me after class.** 수업 후에 저 보러 오세요.
- ✓ **Come enjoy exciting Seoul!** 와서 흥미진진한 서울을 즐기세요!

이런 표현은 특히 광고 문구에 많이 활용되기도 하죠.

- ✓ **Come Enjoy The Sunshine! - Cocoa Beach** 코코아 해변에 와서 햇살을 즐기세요!
- ✓ **Come enjoy the North Carolina Mountains!** 오셔서 North Carolina의 산을 즐기세요!

우리말과 마찬가지로 요즘 영어도 점점 간결한 것을 추구하는 것 같습니다. 예를 들어 '가능한 빨리'를 뜻하는 **as soon as possible**의 줄임말abbrreviation인 **a.s.a.p.**이 있습니다. 영국에서는 주로 '에이 에스 에이 피'로 읽지만, 미국에서는 이마저도 줄여서 '에이셉'으로 발음하는 경우가 많습니다. 같은 영어권이지만 영국보다 미국 영어에서 생략형을 자주 씁니다. 하지만 요즘 젊은 세대들은 영국인이건, 미국인이건 줄임말을 즐겨 사용하는 것 같습니다. 스마트폰 환경이 만든 뉴 노멀new normal일 수 있겠군요!

보충학습 ▶ 동사+동사로 사용하는 go와 help

이들도 엄밀히 말하자면, 맨 처음 모습은 go+(to/and)+동사원형 또는 help+(to)+동사원형이었다고 볼 수 있습니다. 하지만 회화에서 워낙 줄임 구문 형태로 많이 사용되다보니 to나 and를 생략하는 것이 일반화된 경우라 할 수 있습니다.

- ✔ **Let's go eat.** 가서 뭐 좀 먹자.
- ✔ **Let's go find out.** 가서 알아보자.
- ✔ **Go tell him.** 가서 그에게 말해라.
- ✔ **I'm gonna go grab a beer.** 가서 맥주 한 잔 할 것이다.

- ✓ These foods **help** lower blood pressure. 이 음식들이 혈압을 낮추는데 도움을 준다.
- ✓ **Help** reduce the spread of COVID-19. 코로나 바이러스 확산을 줄이는데 도움을 주세요.
- ✓ Coronavirus crisis could **help** ease Gulf tensions. 코로나 바이러스 위기가 걸프만의 긴장을 완화시키는데 도움을 줄 수 있다.
- ✓ Today, I will talk about 5 easy ways you can **help** reduce pollution. 오늘 저는 여러분이 오염을 줄이는데 도움을 줄 수 있는 방법 다섯 가지에 대해 말하려 합니다.

Check point

공연장에서 볼 수 있는 표지판입니다. 빈칸을 채워보세요.

> _____
>
> # A SHOW.
>
> 공연을 보러 오세요.

21

꼼짝 마!

Freeze!

어렸을 때 놀이 중 얼음땡이란 놀이 기억하나요? 술래에게 잡히기 직전 '얼음!'을 외치면 움직일 수 없는 대신 술래가 나를 잡을 수 없어요. 하지만 다른 친구가 나를 건드리며 '땡!'을 외치면 다시 움직일 수 있어 술래로부터 달아나는 놀이지요. 문화와 언어가 달라도 생각하는 게 비슷한가 봅니다. 영어로도 'Freeze!'라고 외치면 '움직이지 마!'라는 뜻이 됩니다.

오늘의 문법 포인트
동사 하나로 완성되는 완전한 명령문

"Freeze!"는 유명한 표현입니다. 한 일본인이 미국에 가서 이 말을 못 알아듣고 골목길에서 "Please!"만 외치다가 경찰에게 총 맞아 사망했다는 사고 이야기를 들은 적이 있습니다. (진짜인지 팩트 체크는 아직 못했습니다.) 하지만 미국에서 경찰이 "Freeze!"라고 외칠 때 이게 "꼼짝 마!"라는 말인지 모르면 경찰 총에 맞아 죽을 수도 있다는 것은 팩트입니다. 미국에 갔을 때 어떤 오해로 미국 경찰로부터 저런 말을 듣게 되는 상황에 놓일지 누가 알겠습니까. 사람 앞일은 아무도 모르니까요. 예문을 통해 freeze에 대해 좀 더 알아볼까요?

- ✓ The lake **froze** over in January. 그 호수는 1월에 얼음으로 뒤덮였다.
- ✓ Water **freezes** to ice at a temperature of 0℃. 물은 섭씨 0도에서 얼음이 된다.
- ✓ "**Freeze** or I'll shoot!" screamed the policeman.
  "꼼짝마! 아니면 쏜다!"라고 경찰이 소리쳤다. (여기서 freeze는 don't move와 같은 뜻!)

오늘 학습에서 덧붙이자면 freeze는 '얼다' 또는 '얼리다'라는 뜻이고, 동사 변화는 freeze-froze-frozen입니다.

✔ Corner!

미국의 어린이들이 수업시간에 말을 듣지 않을 때 선생님이 아이를 벌 주려고 '교실 구석에 가서 서있어'라고 말하는 것입니다.

✔ wear and tear

'입다'와 '눈물'? wear는 '입다'란 뜻도 있지만 '소모', '마멸'이란 의미도 있습니다. tear도 눈물이란 뜻으로 익숙하지만 '찢다', '찢어지다'란 뜻이 있습니다. 이때 발음은 '티어'가 아니라 '테어'라는 것에 유의하세요!

✔ **This cloth tears easily.** 이 천은 쉽게 찢어진다.

추가로 wear well은 어떤 의미일까요? 잘 입다? 아니죠! 이 표현은 오래되었어도 잘 견디고 제 기능을 잘 수행하고 있다는 의미가 됩니다.

✔ I bought this old car nearly 10 years ago, and it is still wearing well to this day. 나는 이 차를 거의 10년 전에 샀는데 지금까지 여전히 잘 간다.

2
Hit-up

대화를 이어
갈 수 있는
표   현

오늘의 표현
22

그 영화 어때요?

What do you think about the movie?

· ·

"What do you think?"는 상대의 의견을 물어볼 때 손쉽게 사용하는 표현입니다. 중요한 건, 상대의 의견과 생각을 물어볼 때, how가 아니라, what을 사용한다는 겁니다. 묻고자 하는 것이 상대방 의견과 생각의 구체적인 내용이 될 테니, what을 쓰는 것이 당연한 겁니다. 그런데 우리말로는 상대방 생각을 물어볼 때 "어떻게 생각하세요?"라고 표현하다보니 "How do you think?"로 착각하기 쉽습니다. 영어는 영어식으로 사고합시다. What do you think? 소리 내어 반복하고 입에 달라붙게 해보세요.

오늘의 문법 포인트
우리말 때문에 헷갈리는 콩글리시 고치기

"~에 대해 어떻게 생각하세요?"는 **What do you think about/of~**이지만 한국인들은 '어떻게'라는 우리말 때문에 종종 what 대신 hwo를 사용하는 실수를 합니다. 만약 "How do you think?"라고 물으면 원어민은 '생각을 어떻게 하냐고? 사람이니 머리로 생각하지! 이상한 질문도 다한다!'라고 생각할 수 있습니다.

How는 think가 아니라 feel과 함께 쓰이는 게 자연스럽습니다.

✔ **How do you feel about the story?** 그 이야기에 대해 어떻게 느끼세요?

이 표현은 사람에 대한 느낌을 물어볼 때도 많이 사용합니다.

✔ **How do you feel about Sally?** Sally를 어떻게 생각하세요?

위와 같이 특정 사람에 대한 느낌을 묻는 것은 "What do you think of Sally?"로 표현한 질문과 유사합니다. 그래서 인터넷 설문조사를 하는 곳에서 다음과 같은 문장을 볼 수 있습니다.

78

위 예문은 결국 "How do you feel about Donald Trump?"라고 쓸 수도 있습니다. **What은 think! How는 feel!** 꼭 구분해서 사용하도록 합시다.

보충학습 ▶ 서울 사람, Seoulite

파리 사람은 Parisian파리지엔, 뉴욕 사람은 New yorker뉴요커, 그렇다면 서울 사람은? Seoul people? Seoulman? Seoulwoman? 명백한 콩글리시지만 원어민들이 대강은 이해할 겁니다. 하지만 우린 정확한 말을 교양 있게 쓰기 위해 공부를 하고 있지요. 서울 사람이란 말은 정확히 영어로 Seoulite서울라잇입니다. 서울시가 운영하는 버스에도 *We are Seoulites.*이라고 쓰여 있는 걸 볼 수 있을 겁니다. 영어 공부를 하며 조금만 더 관심을 기울이고 관찰하면, 평소에 버스나 공공장소에서 볼 수 있는 광고에 쓰인 영어로도 배울 것들이 많습니다. 관찰하는 습관을 가집시다!

Check point

How do you feel today? 오늘 감정이 어떠한지 표시해보세요. 아래 보기 중 해당하는 항목에 체크해볼까요?

happy 행복한 ☐   surprised 놀란 ☐

calm 평온한 ☐   annoyed 짜증난 ☐

relaxed 긴장이 풀린 ☐   nervous 긴장한 ☐

나 울기 직전이었어.
I was on the verge of tears.

단순 현재형이 아니라 무언가 이제 막 되려는 순간, 즉 '막 ~하려던 참이다'를 영어로는 어떻게 표현할까요? 'be about to 동사원형' 구문을 떠올리기 쉽습니다. 'I was about to go to work.(일하러 막 가려던 참이었다.)'처럼 사용되지요. 그런데 좀 더 극적인 느낌을 강조하고 싶을 때 또 다른 표현이 있습니다. 가장자리를 뜻하는 명사 verge를 사용하는 'on the verge of~'란 표현입니다. 직역하면 '~의 가장자리에서'인데, on을 사용함으로써 좀 더 아슬아슬한 상황을 강조한다고 할 수 있습니다. 왜 그럴까요? 전치사 on에 대해서 함께 알아봅시다.

오늘의 문법 포인트
접촉의 전치사 on
---

on the verge of~는 '이제 막 ～하려고 한다'는 의미입니다. on은 접촉의 의미를 가지고 있으니 '그 일 또는 그 행위에 바로 맞닿아 있다'라고 묘사할 수 있습니다.

- ✔ The child was **on the verge of** tears. 그 아이는 울기 직전이었다.
- ✔ The company was **on the verge of** going bankrupt. 그 회사는 파산할 지경이었다.
- ✔ We're **on the verge of** signing a new contract. 우리는 계약을 새로 하기 직전이다.

마지막 예시 문장은 계약이 될 가능성에 바로 맞닿아 있다는 의미로 해석되고, 이 전치사 on으로 인해 '계약하기 직전, 막 계약하려는 차'임이 잘 묘사됩니다.

추가로, '막~하려고 한다'의 또 다른 표현 **be about to 동사원형**에 대해서도 알아봅시다. 기본적으로 같은 뜻입니다. 하지만 상황에 따라 더 적합한 표현이 있습니다. **on the verge of ~ing**와 **be about to 동사원형**의 차이를 예문으로 알아볼까요?

✓ I was about to go to work. 나는 일하러 막 가려던 참이었다.
  I was on the verge of going to work.

위의 두 문장은 같은 내용이지만 일상 대화에서는 전자가, 소설에서 극적인 장면을 묘사하는 상황이라면 후자가 더 자연스럽다고 할 수 있습니다. **be about to 동사원형**은 좀 더 일상생활에서 많이 사용되고, **be on the verge of ~ing**는 상대적으로 극적인 효과의 느낌, 또는 강하게 강조하려고 할 때 사용됩니다. 예문들을 좀 더 살펴보고, 완전히 자기 것으로 익혀봅시다.

✓ I am about to call Jane. 나 Jane에게 막 전화하려던 참이야.
✓ I was about to eat pizza. 나 피자를 막 먹으려던 참이었어.
✓ I am about to hang up my phone. 나 전화를 막 끊으려던 참이야.
✓ He is about to go to sleep. 그는 막 자려고 하던 참이다.

✓ Mari was on the verge of crying. Mari는 울기 직전이었다.
✓ I am on the verge of having lunch. 나 점심 먹기 직전이다.
✓ Donald was on the verge of saying his secret.
  Donald는 그의 비밀을 털어놓기 직전이었다.

I am on the verge of peeing myself.
나 오줌 싸기 직전이야.

Oh my! Let's find where a toilet is!
이런! 화장실이 어디 있는지 찾아보자!

❶ **on -ing** / ~하자마자

on -ing는 '~하자마자'로 많이 알려져 있습니다. 어떤 일이 일어나고 연이어 또 다른 사건이 일어나는 것으로 이해하면 됩니다.

✔ On arriving home, I found your letter. 집에 도착하자마자, 나는 당신의 편지를 발견했다.

✔ Do you feel like a cup of tea on arrival? 당신 도착해서 바로 차 한 잔 하시겠어요?

✔ On leaving the meeting, he was chased by photographers.
   그 회의 자리에서 벗어나자마자 사진작가들이 그를 따라왔다.

✔ On coming home, he switched on the television.
   집에 오자마자 그는 텔레비젼을 켰다.

- -

❷ **every hour on the hour** / 매시 정각에

줄여서 EHOH(Every Hour On the Hour)로도 표현합니다.

✔ Trains leave the station every hour on the hour. 기차는 매 시간 정각에 역을 떠난다.

✔ We'll be bringing you live updates every hour on the hour.
   우리는 매시간 정각에 라이브 업데이트 정보를 당신에게 제공하겠습니다.

- -

❸ **on** / ~하는 중

on the air 방송 중

✔ Places, everyone! We're on the air in five, four, three….
   자! 각자 위치로! 우리 곧 생방송 시작합니다! 5, 4, 3...

on a diet 다이어트 중

A Would you like some of my apple pie? 제가 만든 애플 파이 드실래요?

B No, thank you. I'm on a diet. 고맙지만 제가 다이어트 중이라서요.

- -

❹ **It's on me!** / 내가 낼게

같이 밥 먹고 나서 한턱 내고 싶다면 "It's on me."라고 합니다.

수박이 제철이네요.
Watermelons are in season.

. . . .

농수산물에는 가장 맛난 철, 즉 제철이란 게 있습니다. 그런데 '제철'을 영어로 표현하려면 어떤 단어도 떠오르지 않아 막막함을 느낄 수 있습니다. 계절을 뜻하는 단어는 season, 해당 철에 속한 상태는 be in season, 즉 '제철이다'라는 표현은 be in season이라고 할 수 있습니다. '수박은 여름이 제철이다.' 라는 영어 표현은? Watermelons are in summer. 그런데 그냥 '수박이 제철이다.'라고도 표현할 때 가 있죠? 그럴 때는 구체적인 계절 대신 Watermelons are in season.이라고 쓸 수 있습니다. 수많은 전치사 중 in이 사용되었네요? 오늘은 전치사 in에 대해 좀 알아보려 합니다.

오늘의 문법 포인트
전치사 in의 다양한 쓰임

오늘은 전치사 in의 다양한 의미와 용법을 정리해보겠습니다. 우선 전치사 in 은 '집이나 직장에 있다at home or at work'는 의미로 쓰입니다. 예문을 볼까요?

✓ When did you get home? I never heard you come in.
너 언제 온 거니? 나는 네가 들어오는 소리를 듣지 못했어.

✓ Jane isn't in this week. Jane은 이번 주에 출근하지 않아요.

그렇다면 오늘의 표현을 포함한 다음 문장들에서 in은 무엇일까요? '~에 속 해있는', '~에 들어있는'이란 뜻을 가진 전치사 in이 유사한 의미 형용사처럼 쓰이기도 합니다. 여기서 in은 fashionable유행하는이나 popular인기 있는/집권 하고 있는의 뜻을 가지고 있습니다.

✓ High heels are in this season. 하이힐이 이번 시즌에 인기다.
✓ The Republicans/Democrats are in. 공화당/민주당이 집권 중이다.
✓ In 1960s Mini skirts were in. 1960년대에 미니스커트가 인기였다.

아주 쉽고 짧은 단어 한 두 개로 만들어진 문장이 마땅한 우리말로 해석하기 어려워 사람들을 당혹시키는 경우가 있습니다. 다음 문장들을 볼까요?

✓ **I'm in.** 나도 낄래.

무언가에 참여한다는 말로 '나도 낄래', '나도 같이 할래'로 해석합니다.

✓ **Count me in.** 나도 끼워줘.

'내가 끼는 걸 고려해달라'는 말이니 '나도 끼워줘'란 말입니다. 다음 문장!

✓ **I'm off now.** 지금 떠납니다.

off는 상황을 벗어나는 것을 뜻하므로 '지금 떠납니다' 또는 '나 가야겠어'라고 해석합니다.

✓ **Thank you for having me.** 초대해줘서 고맙다.
Thank you for having me over to your house.
Thanks for inviting me as your guest.

마지막으로 초대해줘서 고맙다는 말의 다양한 표현을 소개해드립니다.

84

참고로, 단수와 복수의 형태가 동일한 단어들을 몇 개 알아두세요.

> deer 사슴 / trout 송어 / fish 물고기 / salmon 연어
> dice 주사위 / Swiss 스위스인 / Chinese 중국인

보충학습 ▶ 전치사 in에 대해 더 알아보기

정말 다양한 뜻으로 사용되지만, in이 의미하는 기본적인 의미를 곰곰이 생각해보면, 왜 그런 의미가 되었는지 유추할 수 있습니다. 오늘 배웠던 내용에 몇 가지만 더 추가해서 소개하겠습니다.

❶ in+명사 표현들: '~가운데 있는'

✔ We watched the movie in horror. 우리는 공포를 느끼며 그 영화를 보았다.

✔ He's living in luxury in Gangnam. 그는 강남에서 호화롭게 산다.

✔ David was in great danger. David은 큰 위기에 처해있었다.

✔ Are strawberries in season now? 딸기가 지금 제철인가?

---

❷ wearing의 의미를 갖는 in

✔ Do you recognize that woman in the red skirt?
당신은 저기 빨간 스커트를 입은 여성을 아시나요?

✔ You look nice in red(= red clothes). 너는 빨간색 옷을 입으면 잘 어울린다

그에게 큰 박수를 쳐줍시다.

Let's give him a big hand!

· ·

박수를 친다고 표현할 때, 동사 applaoud나 경우에 따라 clap을 쓸 수도 있습니다. 하지만 give someone a big hand라는 표현을 사용할 수도 있답니다. 특정 단어를 한국어로 된 한 가지 뜻과 일대일로 매칭하려는 습관을 버리라고 여러 번 강조했습니다. 같은 말도 다양한 방식으로 표현할 수 있을 때, 한층 대화가 자연스러운 건 두말 할 나위없겠죠.

오늘의 문법 포인트
4형식 동사
---

hand는 손. 아주 쉬운 단어입니다. 그러나 쉬운 단어가 대체로 용법도 많은 법입니다. 오늘의 표현에 나온 a big hand는 큰 손이 아니라 큰 박수를 의미합니다. "Hands, please."는 '박수 부탁드립니다.'라는 표현입니다. "Give me a hand!"는? '나 좀 도와줘'라는 뜻이 됩니다.

오늘은 목적어를 두 개 취하는 4형식 동사에 대한 내용을 정리해볼까 합니다. 4형식 동사를 수여동사라고도 합니다. '수여'는 '주다'는 뜻입니다.

우선 **give, grant, offer**가 대표적인 '주다'란 뜻의 단어로 4형식 동사입니다. 4형식 동사 형태는 '주어+동사+간접 목적어+직접 목적어'로 두 개의 목적어를 취하는 특징이 있습니다.

> ✓ He gave me the finger. 그가 나에게 욕했다.
> ✓ Give her a break. 그녀에게 숨 쉴 틈을 좀 줘.(너무 보채지 말라는 뜻이겠죠.)
> ✓ Wish me luck! 행운을 빌어줘!

give the finger는 미국에서 심한 욕을 할 때 가운데 손가락을 보여주는데서 나온 표현입니다. 우리나라 사람들이 사용하는 것보다 현지에서는 생각보다 심한 욕이니 사용하지 않는 게 좋겠지요? 특히나 미국의 우범지역에서는 더더욱 조심!

보충학습 ▶ 4형식 동사가 3형식이 될 때의 전치사 사용

❶ 전치사 to를 쓰는 경우: ~에게로

✔ My company awards disadvantaged students scholarships.
  내 회사는 어려운 학생들에게 장학금을 준다 - 목적어가 두 개인 4형식 문장

✔ My company awards scholarships to disadvantaged students.
  - 목적어가 한 개인 3형식 문장. award는 전치사 to를 사용!

| 전치사 to를 사용하는 동사들 |
award, bring, give, hand, lend, offer, owe,
pass, promise, sell, send, show, take, teach, tell, throw

❷ 전치사 for를 쓰는 경우: ~를 위하여

✔ Ms. Lee bought us dinner. Lee가 우리에게 저녁을 사주었다. - 목적어가 두 개인 4형식 문장

✔ Ms. Lee bought dinner for us. - 목적어가 한 개인 3형식 문장, 동사 buy는 전치사 for를 사용!

| 전치사 for를 사용하는 동사들 |
bake, build, buy, cook, choose,
design, get, find, make, sing

❸ 전치사 of를 쓰는 경우

✔ Could I ask you a question? 질문 하나 해도 될까요? - 목적어가 두 개인 4형식 문장

✔ Could I ask a question of you? - 목적어가 한 개인 3형식 문장

| 전치사 of를 사용하는 동사들 |
ask, beg, inquire, require

❹ 4형식을 3형식으로 바꿀 수 없는 동사 spare

✔ Can you spare me a few minutes?
  시간 좀 내주실래요? -spare를 사용한 이 문장은 3형식으로 사용하지 않습니다!

살살 하세요.
Easy does it.

· ·

너무 열심히 일하다 몸과 마음이 지치는 현상을 번아웃 증후군이라고 합니다. Burn out, 말 그대로 활활 다 불타버린 상태를 말하죠. 그래서 요즘은 일과 삶의 균형을 찾자는 워라밸(Work and Life Balance)이란 말도 유행합니다. 저는 개인적으로 살면서 한 번쯤은 번아웃될 정도로 무언가에 몰두하는 것이 필요하다고 생각합니다. 그래도, 건강까지 해치는 것은 반대합니다. 주변에 건강까지 해칠 정도로 심하게 일하는 분이 계시다면 뭐라고 말을 건넬 수 있을까요? "살살하세요!", "쉬엄쉬엄 하세요!"라고 하겠죠. 영어로는 "Take it easy!"가 가장 먼저 떠오릅니다. 그런데, "Easy does it."이란 표현도 있답니다. 이 문장은 문법적으로 좀 더 설명할 얘기가 있으니 함께 살펴볼까요?

──────────── 오늘의 문법 포인트 ────────────
카멜레온 it

'Easy does it.'은 'Proceed slowly and carefully.천천히 조심스럽게 진행하라.'는 뜻입니다. 특별히 **it**이 가리키는 것은 그때그때 상황으로 파악할 수 있습니다. 하지만 이때 it을 꼭 써야 올바른 문장이 됩니다. 예문을 봅시다.

✔ **Easy does it** — you're moving a priceless piece of art!
조심조심! 당신은 지금 매우 귀중한 예술작품을 옮기고 있습니다.

또한 Easy does it.은 비유적인 의미로 'Calm down.흥분하지 말고 침착해라.'과 같은 의미도 있습니다.

> ✓ **Easy does it, Clara —it's not the server's fault that you don't like your food.** Clara, 흥분하지 말고! 당신이 당신 음식이 마음에 들지 않는 건 종업원의 잘못이 아니야.

보충학습 ▶ it이 빠지면 틀리는 문장들

다음 문장에서 it이 빠지면 틀린 문장이 됩니다.

- ✔ I made it! 나 해냈어! - 어떤 일을 이루거나 성공한 경우에 쓰는 기본 표현!
- ✔ I can't believe we made it—I thought for sure that we would miss the train! 우리가 해냈다는 것을 믿을 수가 없어. 나는 확실히 기차를 놓칠 줄 알았어.
- ✔ I would really appreciate it if you could help me with this luggage. 이 짐을 옮기는 걸 도와주시면 정말 감사드리겠습니다.

'I appreciate~'은 'Thank you' 보다 정중한 표현입니다!

- ✔ I would appreciate it if you reply promptly. 바로 답 주시면 정말 감사드리겠습니다.
- ✔ If you can dream it, you can do it. 꿈 꿀 수 있으면 당신은 그 일을 해 낼 수 있다.
- ✔ Enjoy it now. You can't take it with you. 지금 즐기세요. 죽으면 못 가져가요.
- ✔ We made it to the concert just a few minutes before it was supposed to begin. 우리는 콘서트가 시작되기 그저 몇 분 전에 콘서트에 도착할 수 있었다.
  - 'make it to~'는 go to, reach의 의미!
- ✔ Fake it till you make it. 될 때까지 그런 척하면 그렇게 된다.

커피 한 잔 하면서 얘기해요.

Let's talk over a cup of coffee.

· ·

친구나 동료에게 자주 건네는 말 중 '커피 한 잔 하면서', '밥 한 번 같이 먹으면서'라는 표현이 있습니다. '~하면서'라는 표현은 어떻게 표현해야 할까요? with a cup of coffee? with having lunch? with를 사용할 것만 같습니다. 하지만, 이 경우 영어에서는 over a cup of coffee처럼 over를 사용하는 것이 자연스럽습니다. over에 대해 좀 더 알아볼까요?

오늘의 문법 포인트
전치사 over, 부사 over

오늘의 표현 "Let's talk over a cup of coffee."를 잘못 번역하는 사람도 있을 것 같습니다. 혹시 "커피 한 잔에 대해서 얘기하자?"로 이해하는 경우가 있을까요? 오, 노! 이러시면 안 됩니다! 이 문장은 "Let's talk while we drink coffee."와 같은 뜻입니다. 여기서 over는 '~에 대해서'라는 의미가 아니라, 전치사 during과 비슷한 뜻으로 쓰였습니다. 접속사로는 whilst/while과 비슷한 뜻입니다. 이 표현에서는 Let's talk over 뒤에 주로 음식이나 음료가 나옵니다.

✔ Darren and Clara fell in love over dinner.
  Darren과 Clara는 저녁을 먹다가 사랑에 빠졌다.

이 문장의 의미는 'They fell in love while they were eating their dinner.그들은 저녁을 함께 먹다가 마음이 맞아 사랑에 빠졌다.'는 말입니다.
보충학습을 통해 over에 대해 좀 더 알아보도록 합시다.

보충학습 ▶ 전치사, 부사 over의 다양한 용법

❶ **over my dead body** / 내 눈에 흙이 들어가기 전에는 절대 안 된다!

이 표현은 우리나라 말과 착상이 비슷합니다. '어떤 일은 내가 죽어서 그 일을 막을 수 없을 때가 되어야 일어날 수 있을 것이다.'라는 뜻입니다.

✔ Over my dead body will you drive home after you've been drinking!
　내 눈에 흙이 들어가기 전에는 당신은 집에 올 때 음주운전 할 수 없을 것이다.

다음의 대화를 살펴볼까요?

A I heard Amy wants to drop out of school to be an actress.
　내가 듣기로는 Amy가 배우가 되려고 학교를 중퇴하고 싶어한다던데.

B Yeah, over my dead body! 그래, 내 눈에 흙이 들어가기 전에는 안 될 일이지!

- -

❷ **over** / using의 의미

✔ Iris and Darren spoke over the phone. Iris와 Darren은 전화로 얘기했다.

✔ I heard the news over the radio. 우리는 그 소식을 라디오를 통해 들었다.

여기서 over는 'using a device such as a telephone 전화기 같은 도구를 사용하여'라는 의미입니다.

- -

❸ **over** / 숫자를 수식하는 부사

over는 위와 같이 전치사로도 쓰이지만 부사로 숫자를 수식하는 경우도 많습니다.

✔ Most of the carpets are over $10,000. 대부분의 카펫은 만 달러 이상이다.

28

군소리 말고, 내가 말한 대로 해!

No ifs or buts—just do as I tell you!

내가 회사나 가정에서 상대에게 무언가를 시켰을 때, 시키는 대로 하지 않고 '만약에'나 '하지만'과 같이 토를 다는 경우가 있습니다. 바람직한 자세는 상대방이 말한 내용을 듣고 합당한 대꾸를 해주는 것입니다. 그러나 습관적으로 토를 다는 경우에는 짜증이 날 법도 하죠. 이럴 땐, "'만약에', '하지만' 같은 말 좀 그만하고, 하라는 대로 좀 해!"라고 말하고 싶을 수도 있겠네요. 그런데 우리말로도 복잡한 이 문장을 영어로 어떻게 표현하지요? 오늘의 표현이 해결해줍니다. 'No+명사' 형태로 말입니다.

오늘의 문법 포인트
품사가 파격적으로 바뀌는 경우

우리는 if, and, but을 접속사로 잘 알고 있습니다. 그러나 이런 단어들이 명사로도 쓰입니다.

no ifs or buts는 no ifs, ands, or buts라고도 합니다. 설명하자면 '어떤 변명도 안 통한다no excuses'라는 의미, 즉 '군소리 말고 내말대로 해라'라는 의미입니다. 어떻게 사용되는지 예문들을 살펴볼까요?

✓ You'd better be there tomorrow, and **no ifs, ands, or buts** about it.
　내일 거기 가는 게 좋을 거야. 어떤 변명도 필요 없어.

No ifs, ands,
or buts about it.
Just do it!
군소리 말고, 그냥 해!

보통 어머니가 아이에게 다음과 같은 말을 하곤 하죠.

> ✔ I want **no ifs or buts** - just tidy your room now. 군소리 말고 그냥 지금 방 치워.
> ✔ Clean up your toys right now—**no ifs or buts**! 장난감 당장 치워, 군소리 말고.

no ifs or buts는 사람이 행동해야 하는 것과 아닌 것을 정한 규칙들입니다. 예문들을 더 볼께요.

> ✔ Do it now, and **no ifs, ands, or buts**! 지금 해! 토 달지 말고.
> ✔ You must finish your homework: **no ifs or buts**.
> 넌 네 숙제를 반드시 끝내야 해. 어떠한 변명도 하지 말고!

no ifs or buts처럼 본래 가지고 있던 품사가 완전히 달라져서 쓰이는 재미있는 표현이 하나 더 있습니다. 바로 **dos and don'ts**입니다. 이들은 동사였다가 아예 명사로 정착한 표현이지요.

> ✔ Where I work, the old **dos and don'ts** about how to dress don't really matter. 우리가 일하는 곳에서 옷 입는 것과 관련된 낡은 규칙들은 전혀 문제가 안 된다.
> ✔ Jay knew the **dos and don'ts** of the dormitory.
> Jay는 기숙사에서 따라야 할 규칙들을 잘 알고 있었다.

> ✔ Please advise me on the most suitable copier and some **dos and don'ts**.
> 나에게 가장 적합한 복사기와 따라야할 규칙들에 대해 알려주세요.
> ✔ The young girl just out of school is overwhelmed with **mustn'ts and musts**. 학교를 막 졸업한 소녀들은 따라야 할 규칙들에 압도당한다.

동화 작가인 쉘 실버스테인(Shel Silverstein)의 다음 글을 함께 읽어보려 합니다. 오늘 배운 표현 mustn'ts, don'ts를 주의 깊게 살펴봅시다.

Listen to the mustn'ts, child. 아이야, 반드시 하지 말아야 하는 일들을 잘 들어라.

Listen to the don'ts. 하면 안되는 일들을 잘 들어라.

Listen to the shouldn'ts 해서는 안되는 일을 잘 들어라.

the impossibles 불가능한 일들

the won'ts 하지 않을 일들

Listen to the never haves 가져서는 안되는 것들을 잘 듣고,

then listen close to me... 내게 가까이 와서 들어라.

Anything can happen, child. 어떤 일이라도 일어날 수 있다.

Anything can be. 어떤 것도 가능하다.

이 글은 처음에는 하면 안 되는 것들에 대해 말을 잘 들으라고 말하지만, 조용히 불러서 실은 다 가능한 일이니 너무 경직되게 살지 말라 말하고 있습니다. 여러분 생각은 어떠세요?

Check point

아래 항목에서 해야 할 일에는 dos, 하지 말아야 할 일에는 don'ts를 적어보세요.

❶ Always wash your hands with soap. _____

❷ Touch people with signs of cough. _____

❸ Enjoy fatty food regularly. _____

❹ Always cook your food properly. _____

그는 싸움조로 말하기 시작했다.

He became argumentative.

같은 말도 어떻게 하냐에 따라 상대의 기분을 좋거나 나쁘게 만들 수 있습니다. 가족 간 얘기를 나누거나, 직장에서 회의 때 의견을 나누다 누군가 싸움조로 말을 하면 별 것 아닌 일이 큰 분쟁으로 이어지기도 합니다. 이런 걸 보면 말투가 인간관계에서 참 중요하다는 걸 알 수 있습니다. 논쟁적인, 싸움조와 같은 뜻을 표현하는 단어는 형용사 argumentative입니다. 그런데 arguable이란 형용사도 있습니다. 둘의 차이는 뭘까요? 한번 살펴봅시다.

오늘의 문법 포인트
의미가 헷갈리는 형용사

argumentative는 싸움닭처럼 말다툼하기 좋아하는 사람의 성향을 나타냅니다. 즉, **argumentative**는 사람이나 태도를 수식하는 단어라고 할 수 있습니다. 예문들을 살펴볼까요?

- ✔ Don't be so **argumentative**. 너무 싸움조로 말하지 마라.
- ✔ Benn has an **argumentative** attitude toward political issues.
  Benn은 정치적인 문제에는 싸움조로 논쟁하는 태도를 가지고 있다.
- ✔ An example of an **argumentative** attitude is a person who always says controversial things just to stir up trouble.
  논쟁적인 태도의 한 예는 늘 문제를 일으키는 논쟁적인 말을 하는 사람이다.

argumentative와 비슷한 단어 중 **arguable**이 있습니다. 뜻은 '논란이 될 수 있는'입니다.

- ✔ That is an **arguable** point of view. 그건 논란의 여지가 있는 견해다.
- ✔ It is **arguable** whether the case should have ever gone to trial.
  그 사건이 과연 재판까지 갔어야 했느냐에 대해 논란의 소지가 있다.

❶ **economic** 경제의 / **economical** 절약하는, 경제적인

두 형용사 모두 명사 economy경제에서 파생되었으나 뜻이 다릅니다.

✔ economic **difficulties/hardship** 경제난

economic **assistance** 경제적 도움

✔ This program can prevent inflation and economic **collapse.**

이 프로그램이 인플레이션과 경제 몰락을 막을 수 있다.

✔ Small cars are usually more economical. 소형차가 보통 더 경제적이다.

✔ This is an economical **way to heat your house.**

이것이 당신의 집을 난방하는데 경제적인 방법이다.

- -

❷ **considerable** 상당한 / **considerate** 사려 깊은

이 형용사들은 동사 consider고려하다, 심사숙고하다에서 파생되었으나 뜻이 다릅니다.

✔ She wasted a considerable **amount of time and money to buy her**
clothes. 그녀는 옷을 사는데 상당한 시간과 돈을 낭비했다.

✔ He is the most considerate **man I've ever seen.** 그는 내가 본 사람 중 가장 사려 깊은
사람이에요.

I love classic music!

클래식 음악이란 표현은 콩글리시!
class의 형용사는 classical!
classical music이 옳은 표현이죠!

견뎌라, 당신의 전성기는 아직 오지 않았다.

Be patient, the best is yet to come.

시련이 닥쳤을 때, 이를 극복할 수 있는 가장 좋은 방법은 뭘까요? 저는 인생 경험상, 어려움 극복은 희망을 가지고 있는가 아닌가에 달려있다고 생각합니다. 이럴 때 필요한 표현이 'The best is yet to come.'입니다. 당신의 전성기는 아직 오지 않았다는 뜻이니까요. 그런데 부정을 뜻하는 not이 없는 데 어떻게 '않았다'는 부정의 뜻이 되었을까요?

오늘의 문법 포인트
부정의 뜻을 포함하고 있는 yet

---

is/have/has yet to+동사원형은 '아직 ~하지 못하다'는 의미로 사용됩니다. 부정어 not이 없지만 부정적인 의미가 있다는 것을 꼭 기억해주세요.

✓ I **have yet to make** a decision. 나는 아직 결정을 내리지 못했다.
✓ We **have yet to hear** the big news from her.
　우리는 아직 그녀로부터 좋은 소식을 듣지 못했다.
　We are still waiting to hear the big news from her.
　우리는 그녀로부터 좋은 소식을 아직 기다리고 있는 중이다.
✓ I already have a lot of experience, but the best **is yet to come**.
　이미 많은 경험을 했지만 나의 전성기는 아직 오지 않았다.

'is yet to+동사원형'은 'has/have yet to+동사원형'으로도 쓰입니다. 의미 상의 차이는 거의 없습니다. yet의 기본적인 용법들을 어느 정도 아는 분들도 이 표현을 번역 못하는 경우가 있는데, 이제는 확실히 알고 쓸 수 있기를 바랍니다.

✓ He **has yet to receive** an appointment. 그는 아직 임명을 받지 못했다.
　He **is yet to receive** an appointment.

보충학습 ▶ yet의 다양한 용법

❶ yet은 우선 문장 끝 부분에 오는 부사로 사용됩니다. 주로 아직 하지 못한 상황을 설명하거나 아직 하지 못했냐고 물어볼 때 사용하지요.

- ✔ Sue hasn't registered for class yet. Sue는 아직 수업 등록을 하지 않았다.
- ✔ I haven't finished my breakfast yet. 저는 아직 아침 식사를 마치지 못했어요.
- ✔ Have you emailed her yet? 너, 그녀에게 이메일을 아직 안 보냈니?
- ✔ I haven't written a brochure yet. 저는 아직 안내책자를 쓰지 못했어요.

- -

- ✔ I have already* booked the flight. 나는 이미 그 비행기를 예약했다.

98

❷ yet은 '아직 일어나지 않았지만, 그 일이 일어나기를 기대하는 상황'에 사용됩니다.

✓ **Jay hasn't phoned yet.** Jay는 아직 전화하지 않았다.(하지만 나는 그가 전화하길 기대한다.)

✓ **I haven't seen the movie yet.** 나는 그 영화를 아직 보지 못했다.(하지만 곧 보기를 기대한다.)

✓ **Is clara home yet?** Clara가 아직 안 왔니?(와야 하는데.)

- -

❸ yet은 부사뿐 아니라 접속사로도 쓰입니다. 의미는 but이나 nevertheless와 같습니다.

✓ **John is overweight and bald, yet somehow, he's attractive.**
John은 과체중에 대머리였지만, 왠지 매력적이다.

✓ **So many questions and yet so few answers.** 질문은 너무 많은데 대답은 너무 적다.

I definitely would never go back to my 20s. The best is yet to come.
나는 전혀 20대 시절로 돌아가고 싶지 않아요.
나의 전성기는 아직 오지 않았죠.

나의 전성기는 다음!

셀린디온

그 보너스는 덤이야.
The bonus is icing on the cake.

즐거운 월급날, 보너스까지 있다면 금상첨화겠죠? 금상첨화는 비단 위에 꽃을 더한다는 뜻이에요. 좋은 일에 다른 좋은 일이 더해지는 상황에 쓰기 알맞은 말이죠. 영어로는 비단과 꽃 대신 케이크와 설탕물인 아이싱을 사용해서 표현한답니다.

오늘의 문법 포인트
-ing형 명사

ice는 명사로 '얼음'이란 뜻도 있지만, 동사로 '(케이크에) 당의를 입히다'는 뜻도 있습니다. icing on the cake에서 icing은 동사 ice에 -ing를 붙여 케이크를 예쁘게 만드는 역할을 하는 명사 '당의'로 쓰였습니다. 케이크 위의 달콤한 장식이니까 추가적으로 제공되는 '덤an extra enhancement'을 뜻할 때 사용할 수 있는 표현이 됩니다.

✓ Sue really wanted that job, so she said the signing bonus was really just icing on the cake. Sue는 그 일을 정말 원했으니 신규 직원 인센티브는 덤이지.(signing bonus는 회사에 새로 합류하는 직원에게 주는 인센티브!)

✓ Oh, wow! A tank is full of gas in my new car. That's icing on the cake! 와! 새 차에 기름 가득해. 이건 덤이야!

icing on the cake 대신 같은 뜻으로 frosting on the cake를 쓰기도 합니다. 이 표현들은 이미 완성된 케이크에 얼음이나 서리 코팅을 해서 더욱 보기 좋게 만들던 것에서 유래된 것입니다. 여기서 frosting도 동사 frost에 -ing를 붙인 명사 표현으로 볼 수 있습니다. icing on the cake는 미국과 영국에서, frosting on the cake는 미국에서 더 많이 사용한다고 합니다.

✓ After that beautiful sunrise, the rainbow is just frosting on the cake. 아름다운 해돋이 이후, 무지개는 덤이지.

accounting	회계	borrowing	대출	building	건물
clothing	의류	downsizing	긴축 조정	founding	창립
funding	자금지원	gathering	모임	heating	난방
lending	대출/대여	meaning	의미	opening	공석, 개장
packaging	포장	photocopying	복사	planning	기획
processing	가공, 처리	setting	장소, 환경	showing	상영
spending	지출	ticketing	발권	urging	촉구
understanding	이해	sighting	목격	belongings	소지품

주의! 아래 단어들은 늘 -s를 붙여서 복수형으로 사용해!

earnings 소득 savings 저축 belongings 소유물
s가 빠진 saving은 '절약하는'이란 뜻의 형용사!

이들 단어들은 명사이고 동사를 명사형으로 바꾼 동명사와 다릅니다. 동명사는 단독으로 쓸 수 있고 또 바로 그 뒤에 목적어가 올 수 있지만, 동명사는 그 뒤에 목적어나 전치사+명사(즉, 부사구)가 옵니다.

✔ Walking is man's best medicine.

   걷기가 인간 최고의 명약이다. -히포크라테스 (여기서 walking은 명사 주어! 단독으로 사용 가능!)

✔ Just keep walking along the path.

   이 길을 따라 계속 걸어라. (여기서 walking은 동명사로 그 뒤에 전치사+명사(즉, 부사구)가 나옴!)

오늘의 표현 32

다들 나가 있어.

Leave us.

직역하면 '우리를 두고 떠나라'는 뜻이지만, 이 표현은 영어에서 '(우리만 남기고) 다들 나가달라', '자리를 비켜달라'는 의미로 사용합니다. 우리말로 "나 좀 내버려뒤!"라고 하듯 영어에서도 해당 표현을 "Leave me alone!"이라고 한답니다.

오늘의 문법 포인트

1. 타동사 뒤에는 목적격이 온다.
2. 명령문은 동사 원형으로 시작한다.

명사를 대신하여 지칭하는 명사가 대명사입니다. '철수는 밥을 천천히 먹었다. 그래서 **그**는 회사에 지각했다.'에서 '**그**'가 철수를 대신하여 지칭하는 대명사입니다. 그런데 영어에서 대명사는 문장에서의 위치나 상황에 따라 형태가 변합니다. 이를 대명사의 격변화라고 하지요. '우리'를 뜻하는 'we'를 예로 들어봅시다. **we**우리(주격)-**our**우리의(소유격)-**us**우리를(목적격) 이렇게 대명사가 자신이 하는 역할에 따라 형태가 바뀌는 것은 영어에서 매우 중요하고 기본적인 특징입니다. 기본을 잘 익혀두세요.

주격	소유격	목적격	소유대명사	재귀대명사
I 나는	my 나의	me 나를, 내게	mine 내 것	myself 내 자신
you 너는	your 너의	you 너를	yours 네 것	yourself 너 자신
he 그는	his 그의	him 그를	his 그의 것	himself 그 자신
she 그녀는	her 그녀의	her 그녀를	hers 그녀의 것	herself 그녀 자신
they 그들은	their 그들의	them 그들을	theirs 그들의 것	themselves 그들 자신

우리말에는 -을/를, -는, -의와 같은 조사가 있고,
단어 뒤에 조사를 붙이면 문장 안에서 역할이 변하지요.
하지만 영어는 조사가 없는 대신 단어 형태가 변하는 거랍니다.

"Leave us!"라는 표현은 제가 본 영화 〈엘리자베스〉에서 여왕이 신하 한 명만 빼고 다 나가있으라고 말할 때 썼던 표현입니다. 미국의 어린이들은 잘 아는데 한국의 성인들은 잘 모르는 표현 중에 "Corner!"가 있습니다. 앞서 언급한 적이 있는 표현이지만 한 번 더 설명할게요. 어린이가 말을 잘 듣지 않으면 선생님이 "너 저기 구석에 서 있어!"라고 말하며 벌을 줄 때 쓰는 표현입니다. 여러분도 직장에서 사장이나 회장쯤 되어 이런 말을 어렵지 않고 당당하게 사용하는 상상을 해본 적 있을까요? 상상에서 그치는 것이 좋겠습니다. 자신의 지위가 어디에 있건 겸손한 태도를 갖는 게 중요하니까요. "Leave us!" 대신 예의 바른 표현 "Would you kindly leave us alone for a moment?잠시 자리를 비켜주시겠어요?"를 사용하는 게 좋겠습니다.

보충학습 ▶ "나 좀 혼자 있게 해줘."라고 말해야 할 때

우리가 배운 "Leave us." 이 문장을 응용해서 '우리 좀 그냥 내버려 두세요!'라고 할 수 있습니다. 바로 "Leave us alone!" 그럼 우리 사춘기 자녀들이 자주 쓰는 표현 "나 좀 그냥 내버려 둬"는 뭘까요? "Leave me alone."입니다.

아들아? 노래도 좋지만 성적도 신경 써야지!

Leave me alone!
나 좀 냅둬!

오늘은 주로 목적격에 대해 공부했지만 다양한 대명사의 격변화 역시 꾸준히 여러 문장을 보면서 차근차근 익혀나가도록 합시다.

목적격이 들어간 오늘의 명언과 표현을 추가로 소개합니다.

✔ If you see a friend without a smile; give him one of yours.
얼굴에 미소가 없는 친구를 보면 그에게 당신의 미소를 보여 주어라!

- -

✔ Can you spot me? 나 좀 봐줄래?

✔ Hey John, after you oil up my muscles, can you spot me while I lift?
John, 내 몸에 오일 다 바른 후에 내가 역기 들 때 나 좀 봐줄래?

이 표현은 운동하러 간 사람이 역기를 들다가 사고가 날 경우에 대비해서 누군가에게 옆에서 좀 보고 있어달라고 부탁할 때 사용합니다.

오늘의 문법 포인트 2는 '명령문은 동사원형으로 시작한다'였습니다. 명령문을 가장 쉽게 익힐 수 있는 문장은 조언이지요. 오늘의 팁으로 일과 삶의 균형에 대한 6가지 조언들을 함께 볼까요?

오늘의 Tip

6 Tips For Better Work-Life Balance
더 좋은 일과 삶의 균형을 위한 6가지 조언들

❶ Let go of perfectionism. 완벽주의는 버려라.

❷ Unplug. 플러그를 빼고 전화, TV, 인터넷 사용을 줄여라.

❸ Exercise and meditate. 운동하고 명상하라.

❹ Limit time-wasting activities and people. 시간 낭비가 되는 활동과 사람들을 줄여라.

❺ Change the structure of your life. 당신 삶의 구조를 바꿔라.

❻ Start small. Build from there. 작게 시작하라. 그리고 거기서부터 쌓아나가라.

이번에는 봐준다!

I'll let it slide this time.

살다보면 어쩌다 실수할 수 있습니다. 상대가 실수를 할 때 실수를 매번 지적하기보단, 한 번쯤 넘어가 주거나 봐줄 필요도 있지요. 이렇게 상대의 실수를 봐준다는 의미의 영어 표현에는 어떤 것이 있을까요?

오늘의 문법 포인트

> let/make/have+목적어+동사원형

유명 디즈니 애니메이션 〈겨울 왕국〉의 노래 가사에도 나오는 **let it go**는 무슨 뜻일까요? 가버리게 두어라? 즉, 담아두지 말고 흘려보내라, '잊어라forget something'와 같은 뜻입니다. 예문을 볼까요?

> ✓ Just **let it go** because it will remain in the past.
> 그것은 과거로 남을 것이니 그저 잊어라!

하지만 let it go와 비슷한 모습이지만 다른 의미를 갖는 것이 오늘의 표현입니다. **let it slide**는 과거의 어떤 일을 그냥 미끄러지게 둔다는 뜻이니, '봐준다'는 의미가 됩니다.

> ✓ You were late this morning. I'll **let it slide** this time, but don't let it happen again. 너 오늘 아침에 지각했지만 이번에는 봐준다. 그러나 다시는 이런 일이 없도록 해라!

let it slide를 같은 뜻을 가진 쉬운 단어들로는 ignore무시하다, overlook묵인하다, disregard무시하다 등이 있습니다.

> ✓ He used an incorrect word but, because he's my friend, I **let it slide**.
> 그가 부적절한 말을 사용했지만, 나는 그가 친구여서 봐줬다.
> ✓ I knew he wasn't telling me everything, but I decided to **let it slide**.
> 나는 그가 모든 사실을 말한 게 아니라는 걸 알지만, 봐주기로 했다.

참고로 끝까지 봐주지 않는 경우, 즉 '뒤끝 있다'의 영어 표현은 뭘까요? 예를 들어 '그 여자 뒤끝 있다!'를 영어로 표현한다면? 정답은 '**She doesn't let anything slide.**'입니다. 그녀는 어떤 것도 용서하지 않고 그냥 지나치지 않는다는 뜻이지요. 재미있는 표현이니 암기해서 사용해보세요. 필자의 영국인 친구 Peter에게 한국어 뜻을 한참 설명하고 나서 알아낸 영어 표현이니, 어쩌면 이 책에만 나오는 표현일지도 모릅니다.

보충학습 ▶ 사역동사/지각동사+목적어+동사원형

일을 시킨다는 의미의 사역동사(make, have, let)와 지각, 감각을 나타내는 동사(see, hear, watch, feel) 뒤에 목적어+동사원형이 옵니다.

to+동사원형이 아니라 그냥 동사원형이 온다는 것을 꼭 기억해두세요.

Really?

✔ **The wind is making my eyes water.** 바람 때문에 내 눈에 눈물이 나.
동사 making 다음에 목적어(my eyes)+동사원형(water) 구문입니다.

✔ **Jane saw the car drive up outside the building.**
　Jane은 그 차가 건물 밖으로 나오는 것을 보았다.
동사 saw 다음에 목적어(the car)+동사원형(drive) 구문입니다.

나 그 후로 살이 많이 쪘어.

I have since gained a lot of weight.

요즘 사람들에게 다이어트는 평생 해야 하는 것처럼 여겨지기도 합니다. 살이 찌는 이유로는 '나이가 들어서' 또는, '회식으로 술을 자주 마셔서' 등 여러 가지 이유가 있지요. 만약 특정한 시점부터 눈에 띄게 살이 많이 찌고 있다면, since를 사용해서 표현할 수 있습니다.

오늘의 문법 포인트
since의 변화무쌍한 품사

본래 오늘의 표현에는 그 앞에 문장이 있으면 이해가 쉽습니다. 즉 오늘의 표현은 다음과 같은 문장으로 이해하면 되겠습니다.

> ✓ I was skinny when I was younger, but I have **since** gained a lot of weight.
> 나는 지금보다 젊었을 때는 마른 사람이었지만 그때 이후로 살이 많이 쪘어.

since는 전치사, 접속사로 자주 쓰이지만 이렇게 **동사 사이에 단독으로 들어가 동사를 수식하는 부사로도 쓰인다**는 사실을 기억하세요! 이 문법 포인트는 토익, 공무원시험에도 출제되고 많은 사람들이 몰라서 자주 틀리는 문제이기도 합니다.

> ✓ She has suffered from depression **since** she was sixteen.
> 그녀는 16살 때부터 계속 우울증으로 고생해왔다. - since는 접속사
>
> ✓ He hasn't won a game **since** last year.
> 그는 작년 이래로 한번도 게임에서 이기지 못했다. - since는 전치사
>
> ✓ He left yesterday and I haven't seen him **since**.
> 그는 어제 떠났고 그때 이래로 나는 그를 보지 못했다. - since는 부사
>
> ✓ Jimmy has **since** become rich. Jimmy는 그 후로 부자가 되었다. - since는 부사

보충학습 ▶ once, 변화무상한 또 다른 카멜레온

once가 과거 시제랑 어울려 쓰일 때는 '옛날에'라는 의미가 있다는 것을 기억하세요. 그래서 '옛날 옛적에'를 once upon a time이라고 씁니다. 다양한 품사로 활용되는 once를 정리하기 위해 다음 문장들을 익혀둡시다.

- ✔ I go hiking once a week. 나는 한 주에 한 번 등산을 간다. - once 부사
- ✔ Once I've found somewhere to live I'll send you my address.
  내가 살 곳을 찾는대로 바로 내 주소를 보내 줄게.- once 접속사
- ✔ This house once belonged to my grandfather.
  그 집은 한때 내 할아버지 것이었다. - once 부사

Check point

다음 빈칸에 공통으로 들어갈 말을 쓰세요.

❶ A: I got a cold. 나 감기 걸렸어.
   B: Did you? 그래? _____ when? 언제부터?

❷ It's been a while _____ I quit the job. 나 그 일 그만둔 지 좀 됐어.

❸ It's been a while _____ I ate chocolate. 초콜릿 먹은 지 좀 됐어.

솔직히 말하면, 그 음식 정말 끔찍했어.
To be perfectly honest, the meal was terrible

살다보면 솔직한 말이 필요할 때가 있습니다. 하지만 언제나 솔직하긴 힘들지요. 친구의 초대로 대접 받은 음식이 맛이 없는 경우처럼요. 그러나 정말 솔직히 말해야 할 때, 영어로는 어떻게 운을 떼면 좋을 까요? '솔직히 말해서'라는 뜻의 'to be honest' 또는 'to be perfectly honest'가 무난합니다.

오늘의 문법 포인트
문법은 맞지만 원어민에겐 어색한 표현

'솔직히 말해서'를 뜻하는 표현으로 **to be (perfectly) honest**가 있습니다.

> **A** Did you like this movie? 이 영화 좋았니?
>
> **B** I was bored to tears, **to be honest**. 솔직히 지겨워서 눈물이 날 지경이었다.

> **A** Why didn't you ask Mimi to write the article?
> 미미에게 그 기사를 쓰도록 요청하지 그랬어?
>
> **B** Well, **to be perfectly honest**, I don't think she's a very good writer.
> 글쎄, 솔직히 나는 그녀가 글을 잘 쓴다고 생각하지 않거든.

중학교, 고등학교 시절 영어 교재에 frankly speaking이라는 표현이 자주 나 왔습니다. 필자도 이것을 잘 익혀서 회화 때 활용했던 예전 경험이 떠오릅니 다. 약 10년 전 Tracy라는 캐나다 친구가 한국을 떠나면서 이 표현을 쓰지 말 라고 알려줬습니다. 저와 얘기하다보면 2차 대전 이전 시대의 사람과 얘기하 는 것 같다는 말도 함께 해주었고요. frankly speaking, 이 표현을 자주 쓰면 마치 내가 늘 거짓말을 하는 사람인데 이번 한 번만 솔직히 말한다는 느낌도 준다고 했습니다. 차라리 그냥 **frankly, quite frankly**가 더 낫다고 하더군요. 이렇게 우리나라 대부분의 중고등학교 영어 교재나 참고서에 자주 나오지만 실제 원어민들은 잘 안 쓰거나, 어색하게 들리는 표현들이 꽤 있습니다.

앞으로 한국의 교재나 참고서에 frankly speaking처럼 실제 회화에서 자주 사용하지 않는 표현들은 줄어들거나 없어져야 할 것 같습니다.

보충학습 ▶ "Long time no see."는 이제 그만!

frankly speaking처럼 현대 원어민에게 어색한 표현의 또 다른 예가 'Long time no see.'입니다. '오랜만이야.'라고 할 때 한국인들이 자주 쓰는 표현입니다. 그런데 실제로 원어민들은 이 표현을 드물게 사용하고, 실제로는 다음의 표현을 훨씬 많이 씁니다.

✓ I haven't seen you for ages. 정말 오랜만이네요.

as you know well이라는 표현도 '잘 아시다시피'라는 표현으로 우리가 많이 씁니다. 그런데 well은 사람이나 어떤 장소를 잘 안다는 걸 표현할 때 쓰지만, 사실을 확인하는 경우에는 잘 사용하지 않습니다. 우리말로 그냥 '아시다시피'라고만 쓰면 되는 것처럼 as you know로 충분합니다.

✓ As you know, I have already accepted an offer from another company.
아시다시피 나는 벌써 다른 회사 일자리 제안을 받아들였어요.

- -

또 하나! '당신 살이 빠졌군요.'라는 표현으로 'You have lost your weight.'이라고 말하는 경우가 종종 있습니다. 그러나 이 표현은 매우 어색한 표현입니다. 'lose your something'은 당신이 잃어버렸다가 되찾을 수 있는 것에 대해 쓰는 표현입니다. 그런데 한 번 빠진 그 살을 여러분이 다시 돌려받을 수 없습니다. 새로 살이 찌는 것이지요. 그러므로 여기에는 소유격 your를 쓰지 않습니다.

- ✔ I lost five kilogram when I was ill. 나는 아팠을 때 5킬로가 빠졌다.
- ✔ He has lost a lot of weight recently. 그는 최근에 체중이 많이 줄었다.

공부할 때 공통점과 차이점을 찾는 것은 좋은 습관입니다. 오늘 표현들의 공통점은?

frankly speaking ➡ frankly

as you know well ➡ as you know

lose your weight ➡ lose weight

당신 기분이 나아질 때까지 꼭 안아줄게요.

I'll hug you tight until you feel better.

· ·

몹시 힘들 때, 누군가 말없이 꼭 안아주는 것만으로도 큰 위안이 될 때가 있습니다. 공공장소에서 무작위로 타인을 안아주는 Free Hug가 사람들로부터 호응을 받았던 것도 이런 이유겠지요. 가까운 친구나 가족이 힘들어하면, 기분이 나아질 때까지 꼭 안아주겠다고 말해볼까요?

오늘의 문법 포인트
until과 by 구분하기

until은 지속 또는 지연의 상황을 표현하는 단어입니다. 오늘의 표현 문장에서 포옹하는 동작은 '당신이 기분이 나아질 때까지' 계속됩니다. 우리말로 '~때까지'라는 말로 해석되어 헷갈리지만 분명한 차이가 있는 until과 by를 알아볼까 합니다. 일명 지속, 지연의 until과 배달 완료의 by를 총정리 해봅시다.

지속한다는 뜻의 동사들 continue, go on, stay, wait, remain, last와 지연한다는 뜻의 동사 postpone, delay는 until과 어울립니다.

✓ You'll just have to wait until they call your name.
당신 이름이 호명될 때까지 기다리기만 하면 된다.

✓ Do what scares you until it doesn't. 두렵지 않을 때까지 두려워하는 일을 해라.

✓ Dreams are only dreams until you wake up and make them real.
당신이 깨어나서 꿈을 현실로 만들 때까지 꿈은 그저 꿈일 뿐이다.

✓ Do the best you can until you know better. 더 잘 알 때까지 최선을 다해라.

till은 until과 같은 용법으로 쓰입니다. 예문을 통해 정리해볼까요?

✓ Set your goals high, and don't stop till you get there.
목표를 크게 정하고 거기 도달할 때까지 멈추지 마시오.

'not/never A until B'는 'B 하고 나서야 비로소 A 하다'의 의미로 새기면 이해가 쉽습니다.

✓ You are never a loser **until** you quit trying.
시도를 멈추지 않을 때까지 당신은 패배자가 아니다.(즉, 계속 시도해보고 나서야 패배자가 된다.)

✓ Don't judge me **until** you know me. 나를 알고 나서 판단하라.

✓ Don't underestimate me **until** you challenge me.
나에게 도전할 때까지는 나를 과소평가하지 마라.

✓ And don't talk about me **until** you talk to me. 나와 얘기해보고 나서 나에 대해 얘기하라.

by는 배달 또는 전달한다는 뜻의 동사 send, submit, deliver와 완료되었다는 뜻의 동사 finish, complete, be over 등과 잘 어울립니다.

✓ The meeting should have finished **by** 4:30. 그 회의는 4시 30분에 끝났어야 했는데.

✓ Application forms must be received **by** 31st March.
신청 양식은 3월 31일까지 받습니다.

✓ It's not over **till** it's over. 끝날 때까지는 끝난 게 아니다.

보충학습 ▶ 행동의 완료 by, 지속 지연의 until을 구분하기

❶ I need to get to the airport (until/by) 5:00 p.m.
나는 5시까지 공항에 갈 필요가 있다. - '가는' 행동을 완료하는 것이니 by!

❷ Amy is working here (until/by) this month.
Amy는 이번 달까지 여기서 일한다. - 이번 달까지 계속 일하니 until!

❸ Jay will graduate (until/by) next year.
Jay는 내년에 졸업할 것이다. - 졸업은 한 번에 끝나는 행동이므로 by!

❹ Please give me the book (until/by) tomorrow.
내일까지 그 책을 나에게 주세요. - 책을 주는 행동을 내일까지 끝내면 되므로 완료의 by!

집에 도착할 즈음이면, 해는 이미 질 거예요.

By the time I get home, the sun will already have set.

‘집에 도착할 즈음’, ‘내년 가을 무렵’과 같은 표현에서, 우리말 ‘즈음’이나 ‘무렵’은 특정한 한 시점의 시간이 아니라 그 언저리 부근의 시간을 나타냅니다. 이런 말은 영어로 어떻게 표현할까요?

오늘의 문법 포인트
by the time이 들어간 미래완료, 과거완료 시제

유명 배우 브래드 피트(Brad Pitt)가 세계 기아 문제를 다루면서 다음과 같은 말을 한 적이 있습니다.

> *"By the time this concert ends this evening, 30,000 Africans will have died because of extreme poverty.* 오늘 저녁 이 콘서트가 끝날 즈음에 지독한 가난 때문에 아프리카에서 3만 명이 죽어있을 것입니다. *By this time tomorrow evening, another 30,000 Africans will have died because of extreme poverty.* 내일 저녁 이맘때 즈음이면 또 다른 3만 명이 끔찍한 가난 때문에 죽어있을 것입니다. *This does not make sense.* 참 터무니없는 상황입니다."

위에서 브래드 피트가 강조하기 위해 2번이나 사용한 **by the time**이란 표현은 우리말의 ‘무렵’이나 ‘즈음’과 일치합니다. 이 표현을 정확하게 잘 사용하려면 함께 활용할 수 있는 시제들을 살펴볼 필요가 있습니다.

By the time이 들어간 미래완료, 과거완료 시제에 대해 알아봅시다.

By the time + 주어 + 현재시제 동사, 주어 + 미래완료시제 동사(will have p.p.)
By the time + 주어 + 과거시제 동사, 주어 + 과거완료시제 동사(had p.p.)

미래완료는 미래에 완료된 행위를, 과거완료는 과거보다 더 이전에 행동이 완료된 것을 의미합니다. 역시 예문을 봐야 이해하기 쉽습니다.

우선 미래완료 시제 예문들을 봅시다.

✓ **We will have finished** our work **by the time** (that) you arrive.
  당신이 도착할 즈음에 우리는 우리 일을 끝냈을 것이다.

✓ **They will have eaten** dinner **by the time** we arrive.
  우리가 도착할 즈음에 그들이 식사를 마쳤을 것이다.

이제, 과거완료 시제 예문들을 살펴볼까요?

✓ **The sun had already set by the time** I got home.
  내가 집에 도착했을 즈음에 해는 벌써 졌다.

✓ **We had finished** our work **by the time** (that) you arrived.
  당신이 도착했을 무렵 우리는 일을 이미 끝낸 상태였다.

✓ **They had eaten** dinner **by the time** we arrived.
  우리가 도착했을 무렵 그들은 이미 식사를 마친 상태였다.

이 시제는 다소 까다롭게 느껴질 수 있지만, 한 번 이해한 후, 아예 외워두면 도움이 됩니다. 어학 공부의 절반 이상은 '외우는 힘'에 있다고 할 수 있습니다. 성실하게 시간을 투자하면 그만큼 결과를 얻는다는 의미이니, 매우 정직한 공부법이라고도 할 수 있습니다.

공부할 때 가지면 좋은 마음가짐

❶ Hard times teach us valuable lessons. 힘든 시기는 우리에게 가치 있는 교훈을 준다.

❷ Everything comes to you at the right time. 모든 것이 제때 당신에게 온다.

❸ Be patient and trust the process. 참으시오! 그리고 그 과정을 믿고 나아가시오.

❹ Slow down. 천천히

❺ Calm down. 침착하게

❻ Don't worry. 걱정하지 말고

❼ Don't hurry. 서두르지 말고

❽ Trust the process. 과정을 믿고 나아가라.

오늘은 보충학습 대신 아래 문제를 풀어보고 오늘 배운 내용을 되새겨보셨으면 합니다.

Check point

아래 문장을 읽고, 다음 빈칸을 채워보세요.

❶ _____ this show is over, he'll be back.

이 공연이 끝나갈 즈음이면, 그가 돌아올 거예요.

❷ I won't be here _____ you get here.

아마 여러분들이 도착할 즈음에는 저 없을 거예요.

실패는 그저 다시 시작할 수 있는 기회다.

Failure is simply the opportunity to begin again.

· ·

오늘의 표현은 자동차의 아버지라고 불리는 헨리 포드가 했던 말입니다. 전체 문장은 다음과 같습니다. "Failure is simply the opportunity to begin again, this time more intelligently.(실패는 그저 이번엔 보다 현명하게 다시 시작할 수 있는 기회다.)" 실패 여부보다 실패를 받아들이는 자세가 더 중요하다는 걸 잊지 마세요.

오늘의 문법 포인트
명사+to부정사

'명사+to부정사' 구문으로 자주 사용되는 명사들이 있습니다. 이를 하나의 덩어리로 외우면, 회화를 할 때 머릿속으로 생각하느라 머뭇거리지 않고, 바로 말할 수 있습니다. 덩어리로chunk by chunk 암기하는 건 회화를 잘할 수 있는 바탕이 됩니다. to+동사원형, 즉 to부정사가 어울리는 명사들을 정리해볼까요?

| to부정사가 뒤에 나오는 명사들 |

opportunity / right / ability / intention / effort / attempt + to부정사

Adversity is
an opportunity
to really know
who your friends are.
역경은 누가 당신의 진정한
친구인지를 알 수 있는 기회다.

진짜 어려운 순간이
닥쳤을 때,
참된 친구가
누군지 알게 되는
소중한 기회가
되기도 해요.

돈 좀
빌려줘.

예문들을 좀 더 살펴봅시다.

> ✔ I don't have any **intention to resign**. 나는 사임할 의향이 전혀 없다.
> ✔ Clara made no **attempt to be** sociable. Clara는 남들과 어울리려는 시도를 하지 않았다.
> ✔ I know I have the **ability to start**, and I have the **ability to play**.
> 나는 내가 시작할 능력이 있고, 경기를 할 능력이 있다는 것을 안다.
> ✔ In their **efforts to reduce** crime, the government expanded the police
> force. 범죄를 줄이려는 노력에서, 정부는 경찰력을 확장했다.
> ✔ You have every **right to complain**. 당신은 불평할 모든 권리가 있다.

보충학습 ▶ to부정사를 좋아하는(?) 명사는 같은 뜻을 지닌
동사, 형용사일 때도 to부정사를 사용!

ability to부정사와 be able to부정사, intention to부정사와 intend to부정사처럼 to 부정사를 좋아하는 명사는 같은 뜻을 가진 동사나 형용사일 때도 to부정사를 좋아합니다. attempt는 같은 형태로 명사, 동사로 사용되니 attempt to부정사로 사용됩니다.

✔ We made an attempt to cross the stream.
　　우리는 그 시냇물을 건너려 했다. - 명사 attempt

✔ I attempted to sing, but my throat was too hoarse.
　　나는 노래를 부르려했지만 목이 너무 쉬었다. - 동사 attempt

이걸 언제 다 외우나 걱정할 수도 있겠습니다. 하지만 항상 어학 공부에서 암기가 기본입니다. 걱정하는 분이 계시다면, 그런 분들에게 알려주고 싶은 사람이 있습니다. 조선시대에 김득신이라는 선비가 살았습니다. 어릴 때 열병을 앓아서 머리가 남보다 둔한 사람이었는데 반복학습을 통해 대기만성한 학자이자 시인입니다. 이분은 보통 한 권의 책을 만 번에서 수십만 번 반복하여 읽은 것으로 유명합니다. 반복하세요, 그리고 외우세요. 영어를 공부하는 여러분에게 제가 계속 반복해서 강조할 수밖에 없는 말입니다. 그런 의미에서 다음 문장도 한번 암기해볼까요?

"Try one more time, don't give up. 한 번 더 해보고, 포기하지 마라!"

상황이 최악이었지만, 우린 최고의 상태였다.

When things were at their worst, we were at our best.

위기가 기회가 되는 경우가 있습니다. 궁지에 몰리어 최악의 상황이 되었을 때 벗어날 방법을 찾기 위해 모든 에너지와 정신을 집중해 최선의 노력을 하게 되는 경우가 있고요. 오늘의 표현은 바로 이때 사용할 수 있는 표현입니다. '최악의 상황', '최선의 노력' 같은 최상급 표현에 대해 좀 더 알아볼까요?

오늘의 문법 포인트
최상급 표현과 예외 형태들

형용사 원급에 –er을 붙이는 것이 비교급, –est를 붙이는 것이 최상급입니다. 그러나 규칙에서 벗어나는 예외들이 늘 있기 마련이죠. 예외들은 정리해서 외워두는 수밖에 없습니다. 비교급과 마찬가지로 최상급 역시 좋은 문장들을 반복해서 소리 내어 읽다보면, 자연스럽게 입에 붙어 회화에서 적절한 시점에 잘 활용할 수 있게 될 것입니다. 늘 강조하지만, 반복 연습이 가장 중요합니다. 끊임없이 떨어지는 물방울이 바위에 구멍을 내는 경우가 있지요.

✓ The softest things in the world overcome the hardest things in the world. 세상의 가장 부드러운 것들이 세상에서 가장 단단한 것들을 이긴다. - 노자

다음은 내용도 좋고, 최상급을 정리하기에도 좋은 예문들입니다.

✓ I am the farthest thing from a computer genius.
나는 컴퓨터 천재와는 가장 거리가 먼 사람이다.

✓ Just do the best you can. No one can do more than that.
그저 최선을 다하라. 누구도 그 보다 더 잘 할 수는 없다.

✓ Do the best you can, and don't take life too serious.
할 수 있는 한 최선을 다하고 인생을 너무 심각하게 생각하지 마라.

✓ The best cure for the body is a quiet mind.
몸에 가장 좋은 치료약은 평정심이다. -나폴레옹(Napoleon Bonaparte)

✔ The person who talks **most of** his own virtue is often the **least** virtuous.
자기 자신의 미덕에 대해 자주 말하는 사람은 종종 가장 덕이 없는 사람이다.

이해는 한 번으로 충분합니다. 주어진 문장들을 반복, 또 반복하세요. 반복이 미덕입니다. 스스로 최선을 다하면 그것이 전부라고 할 수 있습니다. 이참에 진인사대천명(盡人事待天命)을 영어로 어떻게 표현하는지도 알아볼까요?

✔ I did my **best**, and God did the rest. 나는 나의 최선을 다했고, 나머지 일은 신이 해주셨다.

보충학습 ▶ 형용사의 불규칙 비교급, 최상급

이번 장에서는 불규칙 최상급들로 예문을 구성했습니다. 혹시 주변 친구들이나 직장 동료 또는 자녀들에게 last의 원급이 뭐냐고 물어볼까요? 의외로 사람들이 답을 잘 하지 못합니다. 정답은? late – latter – last! 여기서 last의 원급은 late입니다.

원급	비교급	최상급
bad 나쁜	worse	worst
ill 아픈, 나쁜	worse	worst
* far 거리가 먼	farther	farthest
* far 정도가 심한	further	furthest
good 좋은	better	best
well 좋은	better	best
* late (시간이)늦은	later 나중에	latest 최신의
* late (순서가)늦은	latter 후자의	last 최후의(마지막의)
little 적은	less	least
* many 많은	more	most
* much 많은	more	most

너는 이 셔츠를 멋지게 소화 못할 거야.

You couldn't pull this shirt off.

친한 사이라면 서로 솔직한 생각을 나누거나 편하게 말할 수 있죠. 과하지만 않다면, 친근감의 표현이 될 수도 있고요. 입으면 망신당할 것 같은 과한 디자인의 옷을 친한 친구가 입으려 할 때, 우린 어떻게 해야 할까요? 돌려 말할 필요 없습니다. 그냥 솔직하게 말하세요. 그 옷 소화 못할 거 같다고요. 그런데 옷이나 신발 등 '어떤 스타일을 소화한다'는 건 영어로 어떻게 표현할까요? 설마 digest를 쓰려는 건 아니시죠? 아주 쉬운 표현이 있습니다! 오늘의 문법 공부와 함께 익혀봅시다.

오늘의 문법 포인트
'동사+전치사' 한 묶음으로 익히는 구동사

여러분이 영어 실력의 기초를 진단하는 데 좋은 방법이 하나 있습니다. '동사+전치사(또는 부사구)에 얼마만큼 익숙하냐'입니다. 어려운 단어 하나하나를 외우는 것보다 pull+off처럼 익숙한 단어들끼리 결합하여 만드는 의미를 익히는 것이 유창한 회화를 하는 데 훨씬 도움이 되기 때문입니다. 이런 형태를 구동사, 즉 phrasal verbs라고 합니다. **pull off**는 무슨 뜻일까요? pull의 뜻과 off의 뜻을 각각 알고 있지만 pull off가 함께 사용되었을 때는 쉽지 않죠? pull off는 당기다는 뜻의 pull과 전치사 off가 각각의 단어 뜻과 상관없이 '(옷이나 색깔 등 패션을) 소화해내다'라는 의미로 사용됩니다. 다음의 대화를 살펴볼까요?

Joey: Dude, I don't think you should be wearing that. 야, 너 그거 입으면 안 돼.
Ross: You're just jealous because you couldn't **pull** this **off**.
너는 소화 못하니까 질투하는 거지!

위 문장은 한국인들에게 미국 드라마의 클래식으로 여겨지는 〈Friends〉에 나오는 대사입니다. 남자 셋, 여자 셋 이렇게 6명의 친한 친구들이 주인공이다보니 매우 편한 사이끼리 일상에서 나누는 캐주얼한 영어 표현을 많이 엿볼 수 있습니다. 여기에서 Joey가 Ross의 셔츠를 못마땅해하자 Ross가 되받아치며 **pull off**란 표현을 사용했습니다. 뜻은 '옷을 잘 소화해내다', '옷과 잘 어울리다'입니다. 또 다른 예문들을 둘러볼까요?

✓ You can't **pull** the red hat **off**. 넌 그 빨간 모자 소화 못할 거야.

원래 **pull (something) off**는 '어렵거나 예상치 못한 어떤 일을 성공해내다'라는 뜻도 가지고 있습니다. 예문으로 확인해보죠!

✓ Congratulations on winning the case! I wasn't sure you'd **pull** it **off**.
이번 소송에서 이긴 것을 축하한다. 나는 네가 그걸 해낼지 몰랐어.
✓ Kinglish Inc. **pulled off** an exclusive $15 million deal with KDK Inc.
Kinglish사가 KDK사와 1500만 달러 독점 계약에 성공했다.
✓ Jay **pulled off** a surprise victory in the semi-final.
Jay는 준결승에서 놀라운 승리를 했다.

보충학습 ▶ pull over와 stop의 차이

pull over는 차를 길가에 대는 것을 뜻합니다. 직역하면 '위로 당기다'일 텐데, 이 구동사가 왜 '갓길에 차를 대다'라는 뜻이 되었을까요? 자동차가 없던 과거에는 말이 끄는 마차를 이용했고, 달리던 마차를 세우려면 말고삐를 '위로 당겨' 말을 세워야 했습니다. 여기에서 pull over가 차를 세운다는 뜻을 가지게 된 거죠. 그렇다면 '세우다'란 뜻을 가진 stop과 pull over의 차이는 뭘까요? 근본적으로 둘 다 차를 세운다는 뜻이지만, 뉘앙스의 차이가 큽니다. "Pull over there."라고 말한다면 속도를 서서히 낮추어 저쪽 길가에 차를 대라는 의미고, "Stop the car."라고 한다면 급하게 당장 차를 세우라는 말이 되겠죠. Pull over에 대한 예문을 좀 더 살펴보며 마무리하도록 하겠습니다.

✔ If you're feeling sleepy, pull off the road immediately and have a rest.
졸리면 즉시 차를 길가에 대고 쉬어라.

✔ Just pull over here, and I'll get out and walk the rest of the way.
그냥 차를 저기 대주면 남은 길은 내가 나가서 걸어갈게.

Check point

친구나 지인이 운전하는 차를 타고 가는 중인데, 자동차 바퀴에 문제가 생긴 것 같습니다. 이럴 경우 어떤 표현을 쓰면 좋을까요? 다음 글을 읽고 빈칸을 채워보세요.

I think something is wrong with your tires. 네 자동차의 타이어가 좀 이상한 것 같아.

_____ the car right there. 저기에 차 좀 세워봐.

41

그녀는 눈 화장을 약간 했다.

She put on a little eye make-up.

화장, 분장이라는 뜻으로 많이 사용하는 명사 make-up은 우리나라에서 영어 자체로 많이 사용하는 표현입니다. 참고로 하이픈이 있으면 명사이고, make up처럼 하이픈이 없으면 동사 make와 전치사 up으로 이루어진 구동사라는 것을 기억해주세요. 그런데 make-up은 우리에게 익숙한 '화장'이라는 뜻 말고도 회화에서 좀 더 다양한 의미로 사용됩니다. 어떤 것들이 있는지 함께 알아볼까요?

오늘의 문법 포인트
구동사의 원리 파헤치기

make up에는 어떤 의미들이 있을까요? '화장하다'라는 뜻도 있지만, '이것 저것 모아서 만들다 또는 구성하다'와 같은 뜻도 있습니다. 또 make up with (somebody)는 '누군가와 화해하다'라는 의미도 됩니다.

그런데 이런 다양한 뜻을 지니게 된 배경은 뭘까요? 구동사는 기본 동사와 전치사가 함께 짝을 이루어 새로운 의미를 만들어내는 것이라고 했습니다. make up을 살펴보면, 기본적으로 '조작하여 만들어make 가치를 높이는up'이 기본 의미가 됩니다. 그러므로 여성이나 남성들 모두 더욱더 예뻐지고 잘 생겨지려고 무언가 조작하여make 가치를 높이는up 것이라 할 수 있는 '화장하다'라는 뜻이 되는 겁니다. '화해하다'라는 뜻도 틀어지거나 갈라진 사이를 채워 메우는 것을 생각하면 의미가 이해됩니다. 또 무언가를 모아 구성하는 의미도 되니 '보충하다'는 뜻으로도 쓰입니다.

✓ She wears a lot of **make-up**. 그녀는 화장을 많이 한다.
✓ Jane and John kissed and **made up**, as usual.
   Jane과 John은 평소대로 키스를 하고 화해했다.

124

✓ Sue left work early and **made up** the time by staying late the next day.
Sue는 일찍 퇴근했지만 그 다음날 늦게까지 일해서 그 시간을 보충했다.

보충학습 ▶ 이해하기 쉬운 구동사

❶ check in/out

check in은 호텔에 들어왔다는 것을 확인하고 들여보내는 것을 의미합니다. 반대로 check out은 호텔에서 확인하고 나가는 것입니다. 호텔뿐만 아니라 직장에 출근했다고 알리고 들어가는 것도 check in이고 회사에 알리고 나가는 퇴근도 check out입니다. 또한 대형마트에서 계산하고 나가는 것이나 도서관에서 책을 대출할 때 사서에게 확인하고 가져가는 것 역시 check out이라고 표현합니다. 말 그대로 확인check하고 밖으로 나가는out 것들이 모두 해당된다고 할 수 있지요.

✓ The cashier **checked out** and bagged my order.
그 계산대 직원은 내가 주문한 것들을 계산해서 봉지에 넣어줬다.

✓ I want to **check** this book **out**. 나는 이 책을 대출받고 싶어요.

check out과 대출을 키워드로 인터넷 검색을 하면 '사진으로 설명하는 도서관에서 책을 대출하는 방법How to Check out a Library Book with Pictures'이 나옵니다.

✓ **Check out** E-books for free with the Amazon Prime Reading library.
아마존 프라임독서 도서관에서 무료로 E-book을 빌려보세요.

----

❷ turn out

turn out은 '어떤 상황이 반전된 결과로 드러나거나 나타난다'는 뜻입니다. 우리말로는 '(결과로) 드러나다' 정도로 표현하면 자연스럽습니다.

✓ I was positive things were going to **turn out** fine.
나는 일들이 결국 다 잘되리라 믿는다.

turn이란 단어가 사용되었으니 '돌아서다', 즉 '반전'이란 의미를 내포하고 있습니다. 그래서 예상하지 못한 결과가 나타날 경우에 많이 쓰입니다. 예문을 좀 더 살펴봅시다.

- ✔ It's turned out nice again. (예상치 못하게) 날씨가 다시 좋아졌다.
- ✔ The opening ceremony turned out to be a huge disappointment.
  그 개회 행사는 결국 엄청난 실망을 낳았다.
- ✔ Thousands of people turned out to welcome the soccer team home.
  수천 명의 사람들이 그 축구팀이 고국에 오는 것을 환영하러 나왔다.
- ✔ It turns out that Mary had known Aliana when they were children.
  Mary와 Aliana는 어린 시절에 서로 알았던 사이라는 사실이 드러났다.

전원 장치를 끄거나 켜는 것과 관련된 표현에서도 turn이 사용됩니다. **turn out**은 '끄다', **turn on**은 '켜다'입니다. 스위치를 '돌려서' 끄거나 켜는 것을 연상하면 기억하기 쉬울 겁니다.

- ✔ Dina turned out the light. Dina는 전등불을 껐다.
- ✔ Frank would play until the janitor comes round to turn the lights out.
  Frank는 건물 관리인이 돌아다니며 전등을 끌 때까지 놀곤 했다.

만약에 한 사업체나 공장이 무언가를 turn out 한다면? '기계를 돌려turn 물건을 생산해 내다out'란 뜻이 됩니다.

- ✔ This company has been turning out great blades for 100 years.
  이 회사는 100년 동안 멋진 칼날을 생산해왔다.

그녀가 그녀 친구 중 한 사람과 나를 소개팅 시켜줬다.

She set me up with one of her friends.

연애 대상으로 이성을 만나는 방법 중 누군가로부터 이성을 소개 받는 소개팅이 있습니다. 소개팅이라는 말 자체가 누군가의 '소개로 미팅meeting'을 한다는 뜻의 신조어였는데, 많이 사용되다보니 어느새 국어사전에까지 등재되었습니다. 우리식으로 만들어낸 이 소개팅이란 말과 친구가 내게 소개팅을 시켜준 상황은 영어로 어떻게 표현할까요?

오늘의 문법 포인트
구동사 set up의 다양한 활용

우리말의 소개팅에 해당하는 영어 표현은 **a blind date**입니다. 서로를 모르는 상태에서 가지는 만남이라는 의미가 있습니다. 서로 모르는 남녀가 만날 수 있도록 누군가 양쪽을 오가며 계획을 세웠겠지요? 이를 우리말로 '주선하다'로 표현할 수 있겠네요. 그래서 소개팅을 주선한다는 표현이 바로 **set someone up with someone**입니다. 자리를 만들기 위해 무언가를 깔거나 세운다는 것이 'set (something) up'이라는 걸 안다면, 이 말이 왜 소개팅을 주선한다는 뜻이 되는지 이해하기 쉬울 겁니다. 아직 서로 모르는 남녀의 만남을 위한 자리를 마련하는 것이 소개팅을 주선하는 것이니까요! 좀 더 많은 예문으로 익혀볼까요?

✔ **Could you set me up with a pretty girl?** 예쁜 여자 한 명 소개해줄래?
✔ **My sister set me up with one of her friends.**
　 내 여동생이 자신의 친구 중 한 명과 소개팅을 시켜줬다.

소개를 받고 서로 마음이 맞아 사귀게 됩니다. '**사귄다**'는 표현은 date란 말 외에 **go out with someone**이 자연스럽게 많이 쓰입니다. 어쩌면 평생을 함께 하고자 할 수도 있겠습니다. 두 사람의 사랑이 발전해서 청혼하게 된 경우! '청혼하다'를 영어로 표현하면? propose를 떠올리셨나요? 우리말로도 청혼이란 말 대신 프로포즈라고 많이들 사용하니까 쉽게 떠올렸을 거라 생각합니다. 그런데 재미있는 표현으로 **pop the question**이란 것도 있습니다. pop은 무언가를 빵 터뜨린다는 뜻이죠? 청혼만큼 인생에서 큰 사건이 흔치 않으니, 이 표현도 이해할 수 있지 않을까요?

> These days I'm going out with her.
> 나 요즘 그녀랑 사귀고 있어.

> When are you going to pop the question?
> 언제 청혼할 거야?

- ✓ When are you gonna **pop the question**? 당신 언제 청혼할 거예요?
- ✓ I'm planning on **popping the question** just before the fireworks start.
  나는 불꽃놀이가 시작되기 직전에 청혼할 거야.

set up과 비슷한 표현으로 **fix (someone) up**이 있습니다.

- ✓ John asked me to **fix** him **up** and I did. John이 나에게 소개팅 시켜달라고 해서 해줬다.

그런데 주의할 점이 있습니다. **set someone up**에는 '**누군가를 속이다**'라는 의미도 있거든요. 상대를 속인다는 것은 상대를 내가 만든 거짓 근거 속에 세워두는 셈이니까요.

✔ He claims he was **set up** by a travelling companion.
그는 길동무한테 속았다고 주장했다.

✔ If Mary is innocent then she was **set up** by her friends.
Mary가 죄가 없다면 그녀의 친구들로부터 당한 거다.

✔ You **set me up!** 너 나를 속이는 거지!

오늘은 보충학습 대신 나만의 문장을 만들어 소리 내어 여러 번 읽고, 되새김 하며 오늘의 표현과 문법을 정리해봅시다. 스스로 만든 문장은 제가 보여드리는 예문보다 훨씬 기억에 잘 남습니다. 그러니 그냥 지나치지 말고, 반드시 아래 메모장에 직접 문장을 만들어보도록 하세요.

Check point

다음 대화의 빈칸을 채워보세요..

A: I'm going to go on a blind date. 나 소개팅하려고 해.

B: Are you kidding me? 농담하는 거지?

A: No, I'm serious. 아니, 진짜야.

My sister _____ me _____ on a blind date. 여동생이 소개팅 주선했어.

나는 함부로 말하지 않을 거다.
I promise not to run my mouth.

· ·

말만 번지르르하게 잘하는 사람들이 있습니다. 이런 사람들은 초반에는 사람들의 시선을 끌고 호감을 얻기 쉽습니다. 하지만 말은 시작일 뿐입니다. 말에 담긴 내용의 결실은 실천에서 비롯되지요. 그래서 이 문장은 미국의 여성 정치인 미셸 바흐만(Michele Bachman)이 말한 원문 "I pledge to you I'm not a talker. I'm a doer.(나는 말만하는 사람이 아닐 것을 맹세합니다. 나는 행동하는 사람입니다.)" 를 보고 만든 문장입니다. 말보다 행동으로 보여주는 사람을 믿고, 또 행하는 사람, doer가 되는 게 좋습니다.

오늘의 문법 포인트
to부정사만을 목적어로 하는 동사

to부정사만을 목적어로 취하는 동사들로는 promise, wish, hope, want, choose, decide 등이 있습니다. 학창 시절에 외웠던 기억이 나는 분도 계실 겁니다. 추가로 strive노력하다, pledge맹세하다 등도 해당하지요.

> ✔ Both sides have **pledged to** end the fighting. 양측이 싸움을 끝내겠다고 맹세했다.

to부정사를 목적어로 취하는 동사들을 정리해볼까요? 더불어 해당 동사들의 뜻으로부터 어떤 공통점이 있는지 생각해보세요. 이들 동사들도 대체로 **앞으로 할 계획, 희망, 결정, 기대와 관련된** 의미를 갖는 단어들로 '미래'와 관련되어 있다는 걸 알 수 있습니다. 이런 단어들이 주로 to부정사를 목적어로 취합니다. to가 원래 '~로 향하다'의 뜻을 지니고 있기 때문입니다. 모두 **미래와 관련된 의미**가 있음을 이해하고 단어를 익히면 쉽게 잊어버리지 않을 거라 생각합니다.

| to부정사만 목적어로 취하는 동사 |

aspire열망하다, want, wish, hope, desire, expect

agree동의하다, plan, decide

refuse거절하다, promise약속하다

offer제안하다, ask, afford경제적 여유가 있다

tend경향이 있다, intend, pretend~인 척하다

미래와 연관된 의미의 단어들은
to부정사를 좋아해.

to가 '~로 향하다'라는
의미가 있으니까!

위 동사들을 활용한 예문들을 익혀봅시다! 10번씩 쓰고, 10번씩 소리 내어 읽어보세요. 제 바램이라면, 그냥 모두 외우시길.

✔ Life is short, the world is wide, I want to make some memories.
인생은 짧고 세상은 넓기에 난 멋진 추억을 만들고 싶어.

✔ Let's just agree to disagree. 그냥 이견이 있음을 인정하자.

✔ I plan to live to be 120! 나는 120세까지 살 계획이다!

✔ Women want to feel wanted, men want to feel needed.
여자들은 남이 자기를 원한다고 느끼길 바라고, 남자들은 남들이 자기를 필요로 한다고 느끼기를 원한다.

✔ Don't strive to be perfect. Strive for excellence.
완벽하려고 노력하지 말라. 뛰어나려고 노력하라.

✔ We must strive to become good ancestors.
우리는 훌륭한 조상들이 되려고 노력해야 한다.

✔ A mom can't afford to be sick. 엄마는 아플 여유가 없다.

- ✓ You can **pretend to** be serious; but you can't **pretend to** be witty.
  당신은 심각한 척할 수는 있지만, 위트가 있는 척할 수는 없다.

- ✓ I just **refuse to** lose. 나는 쉽게 지지 않을 거다.

- ✓ Women **tend to** overthink things. 여자들은 너무 많이 생각하는 경향이 있다.

- ✓ **Aspire to** inspire before we expire. 진이 다 빠지기 전에 영감을 가지길 열망하라.

aspire, inspire, expire~
롸임(rhyme)이 착착 맞네!

재치를 뜻하는 wit는 타고나는 것으로
거짓말을 할 수가 없다는 의미입니다.

마지막으로 예문 2개를 더 살펴볼게요.

- ✓ I **decide to** go to the party. 나 그 파티에 가기로 결심했어.

- ✓ You can **choose to** live in love or **choose to** live in fear.
  당신은 사랑 가운데 사느냐와 두려움 가운데 사느냐를 선택할 수 있다.

보충학습 ▶ to부정사와 동명사(−ing)를 모두 목적어로 취하는 동사

| to부정사와 −ing를 모두 목적어로 취하는 동사 |
begin, start, commence시작하다
like, dislike, love, hate
propose제안하다, continue계속하다

주의! '제안하다'라는 propose의 뜻과 유사한 의미를 가진 recommend, suggest는 동명사만을 목적어로 취합니다!

또 주의! continue와 달리 discontinue는 동명사만을 목적어로 취합니다!

✔ The marketing team proposed to make a new TV commercial. (○)
The marketing team proposed making a new TV commercial. (○)
마케팅 팀은 새로운 TV광고를 만들자고 제안했다.

재미있는 얘기를 하나 하겠습니다. 지금 정리한 부정사와 동명사를 모두 목적어로 취하는 동사들 중 자신이 ing형으로 쓰이는 경우, 뒤이어 나오는 목적어로는 동명사형 ing를 피하고, to부정사를 씁니다. 아마도 ing+ing 발음이 '잉잉'거리는데 이 발음이 부자연스러워서 생긴 습성으로 파악됩니다. "잉잉거리지 마라!" 뭐 이렇게 외워보시면 어떨까요?

✔ We are beginning seeing the benefits of this policy.(X)
We are beginning to see the benefits of this policy.(○)
우리는 이 정책의 혜택들을 보기 시작하고 있다.

✔ I am starting exploring directing.(X)
I am starting to explore directing. (○)
나는 감독을 할까 생각하기 시작했다.

44

나는 농구랑 역기 들기를 좋아해요.

I enjoy playing basketball and lifting weights.

취미를 말할 때, "My hobby is~"로 시작하는 것보다는 "I enjoy~"로 시작하는 것이 훨씬 자연스럽습니다. enjoy는 특정한 형태만 목적어로 취합니다. 중학교 시절 맨 처음 영어를 배울 때부터 외워온 바로 '인조이 아이엔지!' 네, enjoy는 -ing 즉, 동명사만 목적어로 취합니다. 동명사만 목적어로 취급하는 동사에 대해 좀 더 알아볼까요?

오늘의 문법 포인트
-ing 동명사만 목적어로 취하는 동사

앞서 to부정사만을 목적어로 취하는 동사들의 경우, 해당 동사들이 미래와 관련된 의미가 있는 동사였다는 거 기억하시나요? to가 '~로 향하다'는 의미가 있으니 기억해달라고도 했었지요. 그럼 동명사만을 목적어로 취하는 동사들은 어떤 공통점이 있을까요? to부정사와 반대로, '과거'와 관련된 뜻을 가진 동사들입니다. 해당하는 동사들의 뜻을 보고, 이것들이 어떻게 과거와 관련된 의미가 될지는 예문들을 통해 숙지해봅시다.

> | -ing만 목적어로 취하는 동사 |
> enjoy, mind꺼리다, give up포기하다
> avoid피하다, escape, evade피하다, cannot help피할 수 없다
> finish, quit그만두다, discontinue중단하다, postpone연기하다
> deny부인하다, repent후회하다
> suggest, permit, allow허용하다
> consider, resent분노하다, resist저항하다
> appreciate인정하다, 감사하다, keep유지하다
> imagine, admit, practice연습하다, suggest, recommend추천하다

✔ The bank officer **suggested opening** another savings account.
그 은행 직원은 또 다른 예금계좌를 개설할 것을 제안했다.

잠깐! suggest와 recommend는 –ing를 목적어로 취하고, propose는 to부정사와 –ing를 모두 목적어로 취할 수 있다는 것, 기억하시나요? 다시 한 번 강조합니다. 다음 예문을 봅시다.

✔ I never want to **discontinue giving** kids opportunities.
나는 아이들에게 기회를 주는 것을 중단하고 싶지 않다.

한 번 더 잠깐! discontinue는 동명사만을 목적어로 취하지만, continue는 to부정사와 –ing를 모두 목적어로 취할 수 있다는 것도 다시 한 번 강조합니다.

✔ **Avoid running** at all times. 항상 달리는 것은 피하라.

운동을 과도하게 하면 오히려 몸에 해로울 수도 있대요.

No way!

✔ I couldn't help laughing. 나는 웃지 않을 수 없었다.
✔ Several people **helped (to) prepare** the food. 몇몇 사람들이 음식 준비를 도왔다.

마지막으로 잠깐! help는 긍정문에서는 그 뒤에 to부정사 또는 to를 생략한 동사원형이 올 수 있습니다. 그러나 cannot help일 때 그 뒤에는 항상 –ing형이 옵니다.

- Joan **denies breaking** the window. Joan은 그 창을 깨뜨린 것을 부인한다.
- I couldn't **resist laughing** at her. 나는 그녀를 보고 웃지 않을 수 없었다.
- You must **continue to gain** expertise, but **avoid thinking** like an expert.
  당신은 계속 전문지식을 얻어야 하지만 전문가처럼 생각하는 것은 피하라.
- **Imagine spending** all that money on a car! 차에 모든 돈을 쓰는 것을 상상해보라.

위 예문들은 모두 −ing만을 목적어로 하는 동사들을 보여줍니다. 이 유형의
동사들로 만든 예문을 좀 살펴볼까요?

- Jane **keeps trying** to distract me. Jane은 계속 나의 정신을 산만하게 하려 한다.
- She **admitted making** a mistake. 그녀는 실수한 것을 인정했다.
- We're **considering selling** the house. 우리는 그 집을 파는 것을 고려 중이다.
- We've had to **postpone going** to Europe because our child is ill.
  우리는 아이가 아파서 유럽으로 가는 것을 연기해야만 했다.
- We **considered moving** to California. 우리는 캘리포니아로 이사 가는 것을 고려했다.

Check point

보기 의 단어를 활용해서 자신만의 문장을 완성해보세요.

보기 swim, cook, play squash

❶ I enjoy _____

❷ I enjoy _____

❸ I enjoy _____

❹ I enjoy _____

내가 골칫거리가 될 수 있다는 거 알아.

I'm aware that I can be annoying.

미국의 유명 여배우 산드라 블록(Sandra Bullock)이 한 말입니다. 산드라 블록처럼 아름다운 여자도 골칫거리가 될 때가 있나보네요. 형용사 뒤에 that절을 취하는 경우가 있습니다. 자주 쓰이는 표현들 중심으로 좀 더 알아볼까요?

오늘의 문법 포인트
be aware that절

흔히 '알고 있다'고 말할 때, 동사 know를 떠올립니다. 하지만 '안다'는 뜻을 표현할 수 있는 단어는 생각보다 다양합니다. think, assume, reckon, believe와 같은 동사를 사용할 수 있고, be aware와 같은 '동사+형용사' 형태로도 표현할 수 있습니다. 다음은 aware처럼 be동사와 함께 사용되어 that절의 내용을 이끄는 단어들입니다.

doubtful, hopeful, sure, aware, optimistic, glad

단어들을 익혔으면, 실전! 다양한 예문을 통해 문장으로 익혀봅시다.

- ✓ I'm not doubtful that I am doing what I should be doing.
  나는 내가 마땅히 해야 하는 일을 하고 있는지 의심하지 않는다.
- ✓ I'm optimistic that we can reach an agreement.
  나는 우리가 합의에 도달할 것이라고 낙관한다.
- ✓ I'm very optimistic about the future. 나는 미래에 대해 매우 낙관적이다.

that절을 취할 수도 있고,
about, of 등의 전치사구를 사용할 수도 있어요.

✓ I am sure that I have improved in Seoul. 나는 서울에서 많이 좋아졌다고 확신한다.

✓ I am hopeful that no one will forget what happened here.
나는 여기서 벌어진 일을 아무도 잊지 않길 희망한다.

✓ I am glad that mankind on the whole are dreamers.
나는 인류가 대체로 꿈을 꾸는 사람이라는 것이 기쁘다.

보충학습 ▶ annoying vs. annoyed

오늘의 표현에 나오는 annoying은 -ing형 형용사입니다. 동사+ing가 자주 쓰이다 보면 형용사가 됩니다. -ing형 형용사들 특징은 능동적으로 남에게 영향을 미치는 의미를 갖습니다. annoying은 '남을 성가시게 하는'과 같은 의미이지요. annoyed는 주어가 수동적으로 영향을 받아서 '짜증이 난' 상태를 나타냅니다. 능동과 수동의 의미를 생각하면서 다음 예문들을 살펴볼까요?

✓ It's really annoying when a bus or train is late. 버스나 기차가 늦을 때 짜증이 난다.

✓ New Yorkers are fast-talking and easily annoyed.
뉴욕 사람들은 말이 빠르고 쉽게 짜증을 낸다.

- -

✓ Clara is quite an interesting woman.
Clara는 참 재미있는 여자다.(Clara가 남에게 재미를 주는 사람이란 뜻이에요.)

✓ I have always been interested in history.
나는 늘 역사에 관심이 있다.(내가 관심을 갖게 된 상태를 의미하지요.)

- -

✓ It's boring to sit on the plane with nothing to read.
아무것도 읽을거리 없이 비행기에 앉아있는 건 지루해.

✓ I am bored. 나 따분해.

- -

✓ It was an exciting adventure story. 그것은 흥미진진한 모험 이야기였다.

✓ She was so excited she could hardly sleep. 그녀는 너무 흥분해서 잠을 잘 수가 없었다.

나는 늘 내 체중을 의식해왔어요.

I've always been conscious of my weight.

평생 다이어트를 한다는 말이 있을 정도로 요즘 사람들은 날씬함을 강조하고, 그것을 미덕으로 생각하는 것 같습니다. 외면보다 내면을 가꾸는 게 더 중요하고, 패션 모델이 될 것도 아닌데 저체중이 될 정도로 살을 뺄 필요야 없겠지요. 하지만 과체중은 건강에 좋지 않으니 늘 체중을 의식하며 지나치게 찌지 않도록 주의할 필요는 있겠습니다. '나는 내 체중을 늘 의식하고 있다'는 영어로 어떻게 표현할까요?

오늘의 문법 포인트
be+형용사+of

어떤 형용사 뒤에 어떤 전치사가 함께 사용되는지를 외워두는 것은 올바른 표현과 문장을 구사하는 데 아주 중요합니다. 한국 사람들이 많이 실수하고 헷갈려 하는 것 중 하나가 **정확한 전치사 사용**이기도 하니까요. 아예 자주 어울리는 단어들끼리는 묶어서 덩어리로 외워둡시다. **be conscious of**는 한 덩어리로 기억해두세요. 이렇게 단어 간의 어울림을 **collocation**이라고 합니다. 예문을 더 살펴볼까요?

✔ I've always **been** very **conscious of** who I am. 나는 늘 내가 누구인지를 의식해왔다.

이처럼 **be+형용사+of**의 패턴으로 쓰이는 단어들은 다음과 같습니다.

conscious의식하는, cognizant인식하는
appreciative감사하는, aware아는, ashamed부끄러운
reminiscent회고하게 하는, typical전형적인
capable, characteristic, representative대표하는

✓ I'm ashamed of you. 부끄러운 줄 알아라.

✓ I'm aware of my body. 나는 내 몸을 잘 안다.

✓ I'm always appreciative of fans. 나는 항상 나의 팬들에게 감사한다.

✓ I've become very cognizant of how people are perceiving me.
    나는 사람들이 나를 어떻게 여기는지를 매우 잘 알게 되었다.

형용사 cognizant는 '알고 있는, 인식하고 있는'이란 뜻을 가지고 있고 동사는 cognize인식하다입니다. 잘 알고 있는 동사 recognize가 다시 인식하다, 즉 '알아채다'라는 뜻이 되는 이유를 이해할 수 있을 겁니다.

✓ That song is so reminiscent of my childhood.
    그 노래는 내 어린 시절을 회상하게 한다.

✓ This dish is typical of Korean cooking. 그 요리는 한국요리의 전형이다.

✓ Racism is very characteristic of imperialism.
    인종차별주의는 바로 제국주의의 특징이다.

✓ Are your views representative of all the students here?
    당신의 견해가 여기 모든 학생들의 견해를 대표하는 건가요?

보충학습 ▶ for와 주로 어울리는 형용사

of외에 for와 잘 어울리는 형용사도 매우 많습니다. 'be+형용사+for'의 형태로 사용되지요. 몇 개만 추가로 알아볼까요?
가장 기본적인 형용사로 famous, notorious악명 높은, responsible이 있습니다.

✓ Children aren't responsible for wars. 아이들은 전쟁에 책임이 없다.

✓ I mean I was famous for nothing. 내 말은 나 하나도 유명하지 않았다는 거야.

조금 어려운 단어도 도전해볼까요? eligible자격이 있는, suitable적합한도 기억하세요.

✓ Are you eligible for early retirement? 당신 조기 은퇴할 자격이 되나요?

✓ The book is not suitable for children. 그 책은 아이들에게 적합하지 않다.

노동 기구는 마땅히 있어야 한다.

It is essential that there be organization of labor.

오늘의 표현은 미국 26대 대통령이었던 시어도어 루즈벨트(Theodore Roosevelt)가 한 말입니다. 사회에서 개인 또는 특정 집단의 권리를 수호하기 위해서는 조직을 이루고, 구성원들의 힘을 모아야 할 때가 있습니다. 실제 루즈벨트는 기업과 노조를 중재하고 국가가 적극 개입하며 대통령과 연방정부의 권한을 강화하며 동시에 기업과 노조를 통제하는 정책을 추진했다고 합니다. essential(필수적인)처럼 강한 의미를 가진 형용사를 사용한 문장에서는 should가 생략된 동사원형이 옵니다.

오늘의 문법 포인트

**제안, 요구, 주장, 명령을 의미하는 형용사가
사용된 that절에는 동사원형!**

command, order, insist 등 명령이나 요구, 주장 등을 의미하는 동사를 **당위동사**라고 합니다. 같은 의미를 가진 형용사들은 **당위형용사**라고 합니다. 함께 정리해봅시다.

> adamant단호한, advisable, anxious걱정하는
> best, crucial중요한, desirable바람직한, determined결심한
> eager열렬한, essential핵심적인, imperative의무적인
> inevitable불가피한, important, keen예민한, natural당연한
> necessary, reasonable합리적인, unthinkable생각할 수 없는
> urgent긴박한, vital중요한

이 단어들도 그 본질적인 의미가 대부분 **앞으로 꼭 해야 한다는 것을 의미하**기 때문에 그 뒤에 **(should)+동사원형**이 오는 것으로 이해하면 됩니다.

✔ It is **advisable** that she **rest** for a week. 그녀는 한 주 쉬는 게 바람직하다.
✔ It was **essential** that the army **advance** rapidly. 군대는 반드시 빨리 진격해야 한다.

✔ It was **essential** that we **should vote** the following day.

우리는 다음날에 투표해야만 했다.

✔ The parents are **keen** that Joan not **be** hurt.

부모님은 Joan이 상처받지 않도록 매우 주의한다.

✔ We were **determined** that this **remain** secret. 우리는 이것을 비밀로 하기로 결심했다.

✔ It's **essential** that he **have** this medicine every day.

그는 이 약을 매일 복용해야만 한다.

✔ It is **important** that a car **be** waiting when we arrive.

우리가 도착할 때 차를 대기시키는 것이 중요하다.

✔ The realtor was **eager** that his visitor **see** the new building.

그 부동산 중개인은 그의 방문객이 새 건물을 보기를 매우 원했다.

보충학습 ▶ 영문법을 배울 때는 교과서대로 배우기

이번 보충학습에서는 학습 내용 대신 학습 방법에 대한 팁을 얘기하려 합니다. 실제 회화에서는 우리가 배웠던 문법에서 어긋나는 것들이 있습니다. 현대 영어에서는 그냥 직설법을 종종 쓰기도 하고, 권위 있는 영영사전에도 이런 예문들이 나오는 추세입니다. 하지만 예외나 규칙에서 벗어나는 것들이 있다는 걸 알아두기는 하되, 그것들을 기준으로 삼으면 안됩니다.

✔ It is absolutely **essential** that she **gets** this message.

그녀가 이 메시지를 받는 것은 완전 중요하다.

실제 회화에서는 위와 같이 동사원형을 쓰지 않는 경우가 많습니다. 그러나 그것이 시제 기준은 아닙니다. 너무나 당연한 말이지만, 외국어로서 영어를 배우는 우리는 가장 기본으로 정해진 법칙을 그대로 익혀야 합니다. 모범생처럼 익히고, 회화에서 알게 되는 예외들은 나중에 익히도록 하세요. 게다가 대부분의 공인시험들에는 동사원형이 원칙이고 정답으로 간주됩니다.

오늘의 표현

48

나는 눈 감고도 그 일을 할 수 있어.

I could do it with my eyes closed!

아주 손쉬운 일을 표현할 때, 우리말로는 '누워서 떡 먹기', '식은 죽 먹기', '눈 감고도 할 수 있다'와 같은 것들이 있습니다. 영어에서도 같은 방식의 표현이 있습니다. I could do it with my eyes closed. '눈 감은 채 할 수 있다'는 말입니다.

오늘의 문법 포인트

'~한 채'를 표현할 수 있는 with

캐나다 출신 싱어송라이터singer-songwriter 샤니아 트웨인(Shania Twain)의 노래 중 *Swingin' With My Eyes Closed*란 제목이 있습니다. 이 제목의 완전한 문장은 다음과 같습니다.

✓ I am swinging **with my eyes closed.** 나는 눈 감은 채 스윙 춤을 춰.

눈eyes은 감긴 채 있고, 사람에 의해 감긴 것이므로 수동의 의미인 closed가 되었습니다. 만약 closing이라고 하면 '(무언가를) 닫고 있는 눈'이라는 매우 이상한 의미가 되고, 본래 의도한 의미가 아니므로 틀린 표현이 됩니다. 이렇게 '**with+의미 상의 주어+분사**' 구문은 자주 사용됩니다. 문법 용어로 '**분사 구문의 묘사적인 표현**'이라고 합니다. 어려운 용어 같지만, 현재분사(-ing)나 과거분사(p.p.)를 활용해서 주어를 묘사하는 방법이란 뜻을 줄여서 말한 거니 어렵게 느끼지 않아도 됩니다. with는 '~하는 중에', '~하는 채'라는 의미로 동시에 일어나는 상황을 묘사할 때 사용할 수 있습니다.

예문과 함께 자주 사용되는 구문까지 함께 살펴볼까요?

✓ He is standing **with his arms (being) folded.** 그가 팔짱을 낀 채 서 있다.

✓ **~with the password (being) provided** to you 암호가 당신에게 제공되는 가운데

✓ **~with sales (being) at an all-time high** 매출이 연중 최고치를 기록하는 가운데

보충학습 ▶ with that said (그건 그렇다 치고)

영영사전에서 'with that said'의 뜻을 찾아보면, '이미 앞에서 말한 내용에도 불구하고(despite what has just been said)'라고 되어 있습니다. 그러나 실제 이 말은 회화에서는 '그건 그렇다치고'의 뜻으로 많이 쓰입니다.

✓ **With that being said, let me explain the second stage.**
그 말 다 했으니, 이제 제 2단계로 넘어갑시다.

✓ **Simon forgets most things, but with that said, he always remembers my birthday.** Simon은 건망증이 심하지만, 그렇다 쳐도 내 생일은 항상 기억한다.

또 with that said와 같은 표현으로 'having said that'이 있다는 것도 알아두세요.

✓ **Having said that, I will admit that your argument does have some merit.** 그렇긴 하지만, 전 당신의 주장에 장점들이 있다는 걸 인정하겠습니다.

다음과 같은 상황을 생각해보세요. 어느 출판사가 우리는 유명한 작가를 많이 보유하고 있는데 그럼에도 불구하고 새로운 작가를 찾고 있을 때, 'With that said, we are always looking for new writers.'라고 쓸 수 있습니다. 한 나라의 경제 상황도 이 표현을 써서 묘사할 수 있습니다.

✓ **The economy is struggling. With that said, house prices rose slightly last month.** 경기가 매우 좋지 않다. 그럼에도 지난 달 집값은 조금 올랐다.

퀴즈 하나! "Well, that's a good question." 여러분은 이 문장이 무슨 뜻이라고 생각하나요? '음, 좋은 질문이군요.'라는 뜻일까요? 실은 이 문장은 '나도 잘 모르겠네요.'라는 의미로 많이 사용된답니다. 이런 헷갈리는 표현들 역시, 풍부한 예문을 통해 익혀봅시다.

대략 100명 정도 그 파티에 참석했다.

Approximately 100 people attended the party.

대략적인 수치를 가늠하기 위한 표현들을 알아보려 합니다. about, around를 우선 떠올릴 수 있는데, 공식적인 표현으로 자주 사용되는 approximately도 함께 알아두면 좋겠습니다.

오늘의 문법 포인트
숫자를 수식하는 표현

approximately는 around나 about의 의미로 쓸 수 있습니다. 숫자를 수식하는 단어들은 주로 부사들입니다. 이 자리에 형용사형을 쓰면 틀립니다. 즉, approximately 자리에 approximate를 쓰면 안 되지요. 이건 우리말을 떠올려도 이해할 수 있습니다. 예문을 살펴볼까요?

✓ **Approximately** 80% of our air pollution stems from hydrocarbons.
대략 80%의 공기오염은 채소에서 나오는 탄화수소에서 나온다.

approximately, nearly, almost, about, roughly, more than, less than, at least, no more than, no less than 등이 숫자를 수식하는 표현들입니다. 예문들을 좀 더 살펴봅시다.

✓ Tyson meat plant reports more than 700 employees — or 58% — have coronavirus.
Tyson 육류공장은 700명 이상의 직원들, 즉 58%의 직원들이 코로나 바이러스에 감염되었다고 보고했다.

✓ More than half the workers at the plant have tested positive for the coronavirus. 그 공장의 직원들 중 반 이상이 코로나 바이러스 양성 반응이 나왔다.

✓ My mum didn't really let me watch TV until I was about 5 years old.
어머니는 내가 대략 5살이 될 때까지 TV를 못보게 하셨다.

✓ The couple had been dating for almost three years.
그 커플은 거의 3년 째 데이트를 하고 있다.

✓ **Roughly** half the candidates were successful.

대략 반 정도의 후보들이 성공했다. - half는 50%를 나타내는 표현!

✓ Construction on Kinglish Street has increased delivery times by **approximately** 40 minutes.

Kinglish Street의 건설 공사가 납품 시간이 약 40분까지 늘어났다.

nearly도 숫자를 수식할 때 많이 사용합니다.

✓ Kinglish Industries plans to build a new factory at a cost of **nearly** 500 million dollars. Kinglish Industries는 거의 5억 달러의 비용으로 새 공장을 지을 계획이다.

보충학습 ▶ 농구계의 레전드, 마이클 조던의 명언

"I've missed **more than** 9000 shots in my career. I've lost **almost** 300 games. 26 times, I've been trusted to take the game winning shot and missed. I've failed over and over and over again in my life. And that is why I succeed.

나는 내 경력에서 9000개 이상의 슛을 놓쳤다. 나는 거의 300게임에서 졌다. 26회 나에게 게임 승리를 결정하는 슛이 맡겨졌지만 실패했다. 나는 내 인생에서 여러 번 반복하여 계속 실패했다. 그것이 나의 성공 비결이다. -마이클 조던(Michael Jordan)"

over and over again!
반복 또 반복!

He is a legendary basketball player.
그는 전설적인 농구 선수야.

나 조만간 머리 잘라야겠어.
I need to have my hair cut soon.

. . . .

영어를 직역하면 어색하게 들릴 수 있는 말들이 제법 있습니다. 그리고 우리말에 해당하는 영어 단어를 그대로 옮겼을 때 어색해지거나 틀린 내용이 되는 경우도 있습니다. 이 두 가지에 모두 해당하는 대표 예가 have, get과 같은 사역동사(무언가 일을 시키는 용도의 동사)를 사용하는 표현들일 겁니다. 우리 흔히 미용실에 가서 긴 머리를 짧게 잘랐을 때 하는 말, "나 머리 잘랐어."의 영어식 표현은? "I cut my hair."일까요? 이 문장은 자신이 자신의 머리카락을 잘랐다는 뜻입니다. 여러분이 스스로 자기 머리를 자른 게 아니라면 영어로는 '내 머리카락이 잘리도록 누군가에게 시켰다'고 표현해야 합니다. 복잡하죠? 하지만 '영어식 표현은 이러하다!'라고 그냥 받아들입시다. 영어는 영어, 우리말은 우리말입니다. 영어와 우리말을 일대일 대응을 하려는 습관을 버립시다. 그런 의미에서 오늘은 영어식 표현의 대표, 사역동사에 대해 좀 더 알아볼까요?

오늘의 문법 포인트
have/get+목적어+p.p.(과거분사)

우리가 잘 아는 **사역동사로는 make, have, let** 등이 있습니다. 이 동사들은 주로 'make/have/let+목적어+동사원형' 구문 형태로 많이 사용됩니다. 일상이나 비즈니스 관계에서 매우 자주 사용하는 문구 "Let me know.알려줘"를 예로 들 수 있지요. 그런데 '**have+목적어+p.p.(과거분사)**' 구문 형태도 이에 못지않게 자주 사용되고 중요합니다.

목적어가 '무언가 당하는' 수동의 의미일 때는 목적어 뒤에 과거분사가 옵니다.

✔ **I had my hair cut this morning.** 나는 오늘 아침에 머리를 잘랐다.

이 문장에서 **cut**은 동사원형이 아니라 과거분사라는 것에 주의하세요! cut의 동사변형은 cut-cut-cut이니까요. 미용사가 내 머리카락을 잘랐겠지요. 내 머리카락은 미용사에 의해 잘리었고요. 수동의 의미이니 my hair cut입니다.

✔ I had my eyes checked yesterday. 나는 어제 눈 검사를 받았다.

아마도 의사가 내 눈을 검사했겠지요. 내 눈은 의사로부터 검사를 받는 입장이고요. 그러니 이는 수동의 의미이고, my eyes checked입니다. 예문들을좀 더 살펴볼까요?

✔ We're having another machine installed soon. 조만간 또 다른 기계를 설치할 거예요.
✔ I'm going to have my apartment painted. 아파트를 페인트칠 할 거예요.

누군가를 시켜서 내 아파트를 칠하게 하는 거지요.

"I'm going to ask someone to paint my apartment."와 같은 말입니다.

✔ I'd like to have my photo taken. 나는 내 사진 찍고 싶어.
✔ Could you have this jacket cleaned? 이 재킷 세탁해주실래요?
✔ When are you having the heater installed? 언제 그 히터를 설치할 거야?
✔ Have you ever had your ears pierced? 귀에 구멍 뚫어본 적이 있니?
✔ I had my bike stolen. 나 자전거를 도둑맞았어.
✔ He had his leg broken in a car crash. 그는 자동차 충돌 사고로 다리가 부러졌다.
✔ Did you have your computer fixed? 컴퓨터 고쳤니?

have뿐 아니라 **get+목적어+p.p.(과거분사)** 구문도 있습니다.

> ✔ I need to **get** my suit **cleaned**. 나는 내 정장을 세탁해야 해.
> ✔ They finally **got** the car **serviced**. 그들은 결국 그 차를 수리했어.

보충학습 ▶ 안 좋은 일을 경험할 때 사용할 수 있는 have+목적어+p.p.

have/get+목적어+p.p.(과거분사) 구문은 좋지 않은 일을 경험했음을 표현할 때도 자주 사용됩니다.

✔ **John had his house destroyed by a hurricane.**
   John의 집은 허리케인으로 파괴되었다.

✔ **She got her arm bruised in the accident.** 그녀는 사고로 팔에 멍이 들었다.

나만의 문장 쓰기

had+목적어+p.p.를 넣어 2개의 문장을 만들어보세요.

❶ _____

_____

_____

❷ _____

_____

_____

모든 나라들은 다들 문제가 있다.

Every country has its problems.

· ·

이 말은 할리우드의 배우이자 영화감독인 존 말코비치(John Malkovich)가 한 말입니다. 경제 수준, 채택한 이념 등이 다르더라도 모든 국가는 제 각각 자신들만의 문제가 있다는 말입니다. 비단 국가에만 해당하는 문제가 아닐 겁니다. 친구들, 가족 구성원, 직장 동료들 사이에서도 우리는 '모든 이들은 저마다의 문제를 가지고 있다.'라고 느낍니다. 그런데 '모든', '매', '하나하나'를 뜻하는 'every'는 특이하게도 단어의 뜻과는 달리 단수 취급을 한답니다. 이게 전부가 아닙니다. 오늘은 한정사 every에 대해 좀 더 알아볼까요?

오늘의 문법 포인트
'every+명사'의 단수 취급과 예외

'모든', '매', '하나하나'를 뜻하는 every 뒤에는 단수 명사가 옵니다. every처럼 명사 앞에 위치하며 해당 명사의 범위나 수량 등을 알려주는 것을 한정사라고 합니다.

우리가 교과서에서 배운대로라면 "Every country has **its** problems."은 문법에 맞는 문장입니다. 그런데 사실 원어민인 미국의 배우이자 감독인 존 말코비치는 "Every country has **their** problems."라고 말했었습니다.

영문법 교과서에서도 이런 설명이 나옵니다. "In less formal styles, the pronoun or possessive may be plural.덜 격식적인 상황에서는 대명사나 소유격이 복수형으로 나올 수 있다." 즉, 문법은 기준이 되는 규칙일 뿐, 절대 불변의 법칙은 아니라는 거, 특히 회화에서는 그렇다는 걸 알 수 있습니다. 다른 예문들을 더 살펴볼까요?

- ✓ **Every city has its own park.** 모든 도시에는 공원이 있다.
- ✓ **Every user has their own password.** 모든 사용자가 각자의 암호를 가지고 있다.

첫 번째는 **every city**를 **its**로 받는 교과서적인 문장입니다. 그런데 두 번째 처럼 **every user**를 **their**로 받은 형태로도 사용할 수 있습니다. 바로 앞에서 말한 요즘 허용되고 있는 비격식 문장이라고 할 수 있지요.

요즘에 **한 회사(a company)**를 **it**으로만 받지 않고 **they**로 받는 것을 토익 시험 문장에서도 종종 볼 수 있듯이 원어민들에게 허용되는 문법이라고 생각할 수 있습니다.

오늘 공부에서 중요한 것은 **every+단수 명사**입니다. 추가 예문들을 소리 내어 읽어보세요.

> ✔ **Every student** gets a laptop. 모든 학생들이 휴대용 컴퓨터를 얻는다.
> ✔ I work very hard and I'm worth **every cent**. 나는 열심히 일하고 번 한 푼, 한 푼의 모든 돈을 소중히 한다. - 나오미 캠벨(Naomi Campbell)
> ✔ The older I get, the better I understand that **every day** is a gift.
> 나이가 들수록 나는 매일 매일이 선물이라는 것을 더욱 잘 알게 된다.

보충학습 ▶ everyone과 every one의 차이

한 단어냐 두 단어냐에 따라 의미와 용법이 달라진다! 우선 everyone은 모든 사람 (human beings)을 가리키는데 사용하는 대명사이고, every one은 every+one의 형 태로 기본적인 의미로 everyone과 같은 의미로 사용되기도 하고, 사람이든 사물이든 한 그룹의 멤버들 각각을 모두 가리킬 때도 사용합니다.

- -

모든 사람들의 일반적인 성향을 가리킬 때는 everyone입니다.

✔ Everyone loves apples. 모든 사람들은 사과를 좋아한다.

특정한 것을 가리키거나 강조할 때는 every one을 씁니다.

✔ Every one of the students in my class loves apples. 내 학급의 모든 학생들은 사과를 좋아한다. - 이것은 일반적인 모든 사람들이 아니고 특정 학생들이므로 every one이 맞습니다!

✔ God bless us, every one! 하나님이 우리 모두를 축복하시길! - 이 문장에서도 여기 모인 특정 우리들을 가리키는 것이므로 every one이 맞습니다!

또한 사람이 아닌 사물을 가리킬 때도 every one처럼 띄어 써야 합니다. 어떤 바구니 안에 딸기가 전부 상했을 때, 딸기 하나하나를 강조하며 모두 상했다고 하는 말은 다음과 같습니다.

✔ Every one of these strawberries is rotten. 이 딸기 전부 다 썩었어.

오늘은 핵주먹 타이슨과 무하마드 알리의 명언으로 마무리 할까요?

Everyone has a plan utill they
get punched in the mouth.
모든 사람들은 계획이 있다지.
제대로 나한테 얻어맞아 터지기 전까지는.
- 마이크 타이슨(Mike Tyson)

I hated every minute of training,
but I said, 'Don't quit.
Suffer now and live the rest of
your life as a champion.
나는 훈련의 매분을 싫어했다.
그러나 그만두지 마라! 나는 '멈추지 마라.
지금 고생하라 그리고 여생을 챔피온으로
살아라'라고 말했다.
- 무하마드 알리(Muhammad Ali)

내가 넣은 골은 모두 저마다 흥미진진해요.
Each goal I score is exciting.

오늘의 표현은 세계적으로 유명한 브라질 축구선수 카카(Kaka)가 한 말입니다. 카카만큼 유명한 선수라면 수백 개의 골을 넣었을 텐데, 카카는 제각각 모든 골이 다 흥미롭다고 표현했습니다. 비싼 수공예품을 빗대어 말할 때 '한 땀 한 땀 장인이 공을 들인 물건'이라고도 합니다. 어느 부분 하나 소홀히 하거나 허투루 하지 않는 자세가 그 사람을 장인, 또는 세계적 축구 선수로 만드는 거라고 볼 수 있겠네요. 각각의 골을 each goal이라 표현하고, 단수 취급했습니다. every와 유사하지만, every goal이라고 했을 때와 의미 차이가 있습니다. '모든 골'로 뭉뚱그려 말하는 것과 '하나하나의 골'을 강조해서 말하는 것은 분명 다른 의미이지요. each의 특징, 그리고 every와 같은 점과 다른 점이 무엇인지 좀 더 알아볼까요?

오늘의 문법 포인트
each의 품사, every와의 차이점

every와 each는 단수로 취급한다는 공통점이 있습니다. 하지만 큰 차이점이 있습니다. 우선 **every**는 위에 나오는 모든 문장에서 볼 수 있듯이 혼자 쓸 수 없고, 그 뒤에 명사를 수식하는 **형용사로만 쓰입니다**. 그런데 **each**는 형용사, 명사, 부사로 모두 쓰일 수 있습니다. 공통점과 차이점을 예문과 함께 정리하면 다음과 같습니다.

공통점 형용사 each/every+단수 명사

- ✔ **Every musician is sensitive.** 모든 음악가들은 예민하다.
- ✔ **Each artist sees things differently.** 예술가들은 저마다 사물을 달리 본다.

차이점 1 특정 대상이 두 개인 경우 each, 셋 이상인 경우 every

- ✔ There are two girls. **Each is smiling.** 두 소녀가 있다. 제각각 웃고 있다.

✓ Jay wore gloves on **each hand**. (O) Jay는 양손에 장갑을 끼고 있었다.

Jay wore gloves on every hand. (X)

Jay가 두 손에 장갑을
끼고 있을 때는 대상이
두 개이므로 each가 맞아요!

차이점 2 형용사 외에 대명사, 부사로도 사용되는 each

| 대명사 **each** |

✓ There are 100 copies. Please take one of **each**.
100부가 있습니다. 각각 한 개씩 가져 가세요.

| 부사 **each** |

✓ Have you **each** signed the contract? 여러분 각각 다 계약서에 사인했나요?

✓ The employees **each** received a free copy of the book.
그 직원들은 저마다 그 책을 한 부씩 무료로 받았다.

✓ We would **each** say a poem or sing a song. 우리는 각각 시를 낭송하거나 노래를 불렀다.

✓ The bill comes to $99, so that's about $10 **each**.
총 99달러니까, 대략 한 개당 10달러입니다.

| **Each of**+복수 명사 |

✓ **Each of us** wishes for success. 우리는 저마다 성공을 원한다.

✓ Do you go to **each of the seminars**? 당신은 각각의 세미나에 갔나요?

✓ **Each of the men** has won major international races.
그 남자들 제각각 주요 국제 경주에서 이겼다.

오늘은 보충학습이 없습니다. 대신 특별한 숙제가 있습니다. 여러분이 하나 씩 저마다 소중하게 여기는 것이 있다면 그것을 이용해서 영작을 해보세요. 예를 들어볼까요? "I cherish each child of mine. 난 내 아이들이 저마다 모두 소중 하다." 전 제 아이들이 개성이 달라도 저마다 소중하더라고요. 여러분은 each 를 이용해서 어떤 문장을 쓰실 건가요?

Check point

다음 보기 의 단어를 재배열해서, 아래 문장을 완성해보세요.

> 보기 slightly, is, of, each, the, pen, different

그 펜들은 각각 약간씩 다르다.

_____

_____

여기에서는 조용히 해야 합니다.

You are supposed to be quiet here.

· ·

음악회에 갔다고 상상해보죠. 음악이 연주되는 동안 여러분은 웃고 떠들 수 없을 겁니다. 연주 중에는 조용히 해야 한다고 정해져 있고, 모두가 이렇게 하도록 기대되기 때문입니다. 이처럼 '~하기로 되어 있는 상황'은 '~해야 하는 상황'과 같은 말입니다. 하지만 should, must, have to 등을 사용할 때와는 좀 다른 상황입니다. 일정상 또는 모두가 약속하여 알고 있는 상황에서 '하기로 되어 있는' 그 무엇을 한다는 것이니까요. 강제적인 느낌이 약해지고, 부드럽게 주지시키는 정도가 된다고 할 수 있겠습니다.

오늘의 문법 포인트
'~하기로 되어 있다'를 뜻하는 4총사

expect기대하다, suppose가정하다, schedule일정을 잡다, project계획하다와 같은 동사는 be동사와 함께 수동태로 사용하면 '~로 기대되다, 가정되어 있다', '~하기로 되어 있다'의 의미로 사용하게 됩니다. 아래와 같은 구문을 아예 외워두면 대화에서 바로 사용하기 편합니다.

be + expected / supposed / scheduled / projected + to부정사

오래 전 사우나에서 실제 있었던 일입니다. 미국인들 세 명이 들어와서 너무 시끄럽게 떠들자 제 지인이었던 교수님이 한 마디 하셨습니다. 그때 사용하신 표현이 바로 이 말 "You are supposed to be quiet."입니다. 이 한 마디에 그 미국인들이 조용해졌지요. 이때 be supposed to는 should의 의미로 쓰인 것입니다. 만약 "Shut up!", "Be quiet!" 또는 "Keep silent!"라고 했다면 분위기가 험악해졌을 수도 있었을 겁니다. 점잖게 조용히 시키는 그 교수님의 모습이 멋있어 보였어요. 우리가 어떤 표현을 쓰느냐에 따라 좋은 분위기가 될 수도 나쁜 분위기가 될 수도 있습니다.

다음 예문으로 오늘의 문법 포인트를 익혀봅시다.

- ✔ **Do what you're supposed to.** 네가 해야 하는 일을 하라.
- ✔ **You are supposed to listen to your parents.** 너는 부모님 말씀을 들어야 한다.

be supposed to 뒤에는 동사원형이 오고 '기대되다be expected to'의 의미로도 쓰입니다.

- ✔ **Clara is supposed to arrive tomorrow.** Clara는 내일 도착할 예정이다.
- ✔ **The book was supposed to earn a lot of money, but it didn't.**
  그 책은 많은 돈을 벌어들일 것으로 기대되었지만 그러지 못했다.

be supposed to와 유사한 다른 표현들을 정리해볼까요?

- ✔ **His performance is fully expected to improve.**
  그의 연기력은 완전히 개선될 것으로 기대된다.

여기서 be expected to는 '거의 확실하다almost certain'는 뜻입니다.

- ✔ **Men were never expected to be monogamous.**
  남자들은 결코 일부일처제를 따르지 않을 거다. - 댄 새비지(Dan Savage)

한 가지 주의! expect는 능동태 표현도 자주 쓰이니 익혀두세요.

어제 전 여친을 만났다면서?

I didn't expect to see her. 거기서 그녀를 볼 거라 예상 못했지.

✓ They're scheduled to leave tomorrow. 그들은 내일 떠날 예정이다.

✓ The first tsunami would be projected to hit Hawaii tonight.
첫 쓰나미가 오늘밤 하와이를 강타할 것으로 예상되고 있다.

보충 학습 대신 숙제입니다. 기다리던 영작 시간! be supposed/expected/ scheduled to부정사 구문을 이용하여 나만의 문장을 만들어보세요. 그리고 오늘의 문법을 완전히 자기 것으로 만들어봅시다.

Check point

아래 보기 의 동사 중 하나씩 골라 빈칸에 알맞은 형태로 활용해서 채워보세요.

보기 suppose, schedule, expect

❶ Today is _____ to be the coldest day of the year.

오늘은 올해 중 가장 추운 날이 될 거야.

❷ The plane is _____ to leave at 3. 그 비행기는 3시에 떠나기로 되어 있다.

❸ She is _____ to go to the meeting. 그녀는 그 회의에 가기로 되어 있다.

그녀는 어떤 미국인과 결혼한다.

She is married to an American.

결혼은 혼자 할 수 없지요. 누군가와 함께 해야만 성립하는 행위입니다. 우리말과 비교한다면 영어로 표현할 때 꼭 with를 사용할 것만 같습니다. 그런데 의외로 '~와 결혼하다'라고 표현할 때 marry with~가 아니라 marry to~라고, 전치사 to를 사용합니다. marry를 사용하여 '나랑 결혼해줄래?'라고 청혼하는 영어 표현은 뭘까요? 오늘의 문법을 모두 공부하고 나면 알려드리겠습니다.

─── 오늘의 문법 포인트 ───
'결혼하다'와 잘 어울리는 전치사는 to

영어에서 '결혼하다'는 뜻을 가진 동사 **marry**는 with랑 안 어울리고, 그냥 타동사로 쓰여 전치사 없이 사용합니다. 유명한 미국 팝가수 브루노 마스 (Bruno Mars)의 노래 제목 *Marry you*너랑 결혼해를 떠올려보세요. 좀 더 기억하는데 도움이 될 겁니다. 예문을 볼까요?

> ✔ Paul married Amy three years ago. Paul은 Amy와 3년 전에 결혼했다.
> Paul married with Amy three years ago. (X)

때론 동작을 강조하여 **get married to**를 씁니다. with가 아닌 to를 사용합니다.

> ✔ Last year Jane got **married to** Tom. 작년에 Jane은 Tom과 결혼했다.
> Last year Jane got married with Tom. (X)

그렇다면 marry with는 어떤 경우에 쓸까요? 결혼 후 아이를 몇 명 갖게 되었다고 할 때 쓸 수 있습니다. 예문을 볼까요?

> ✔ Clara is now happily **married with** two young children.
> Clara는 지금 아이 둘을 낳고 행복하게 결혼생활을 하고 있다.

'약혼하다'는 뜻의 동사 engage 역시 be/get engaged to처럼 with 대신 to를 사용합니다. 예문을 볼까요?

✔ **Kris and Amelia have just** got engaged. Kris와 Amelia는 이제 막 약혼했다.
✔ **Ruth** was engaged to **some guy in the army.** Ruth는 부대의 어떤 남자와 약혼했다.

- -

우리가 생각하는 전치사와 어울리지 않는 단어의 또 다른 예로 independent를 들수 있습니다. 우리는 depend on, be dependent on을 '~에 달렸다/~에 의존하다/의지하다'로 많이 알고 있습니다. 이런 익숙한 표현 때문에 dependent의 반대말 independent 뒤에도 전치사 on이 올 것만 같죠! 그러나 '독립적인'이란 뜻을 가진 independent는 of와 어울립니다. be independent of는 '다른 사람들이나 사물의 도움 필요 없이 독립적으로'라는 의미입니다.

✔ **American young adults tend to** become independent of **their parents much sooner than Koreans do.**
미국의 젊은이들은 한국의 젊은이들보다 훨씬 일찍 부모로부터 독립하는 경향이 있다.

✓ Independent of how others felt, Jooch was sure he was right.

남들이 어찌 느꼈는지에 상관없이, Jooch는 자기가 옳다고 확신했다.

✓ Genius is independent of situation.

천재성은 상황으로부터 독립적이다. - 찰스 처칠(Charles Churchill)

여기서 잠깐! independent from을 떠올릴 수도 있겠습니다. from을 사용하는 경우는 '정치적으로 독립하는' 것을 의미합니다.

✓ The United States became independent from Great Britain in the last 18th century. 미국은 영국으로부터 18세기 말에 독립했다.

중요한 사실은 independent는 on과는 어울리지 않는다는 사실이니, 틀리지 않고 사용합시다!

나만의 문장 쓰기

아래 한글 제시문을 참고하여 자신의 상황에 맞게 변형해서 영작해보세요.

❶ 나는 OOO와 결혼했다/결혼할 거다. or 나는 미혼이다. (나는 누구와도 결혼하지 않은 상태다.)

_____

_____

_____

❷ 나는 20대/30대에 부모로부터 독립했다.
or 나는 아직 부모로부터 독립하지 않았다.

_____

_____

_____

좋은 영화는 비밀로 채워져 있다.

Any good movie is filled with secrets.

· ·

오늘의 표현은 미국의 배우이자 감독인 마이크 니콜라스(Mike Nicolas)가 한 말입니다. 영화에서 감독이 모든 것을 다 일일이 설명하는 방식으로 영화를 만든다면, 그 영화는 끔찍하게 지루할 겁니다. 우리는 영화를 보는 동안 알 수 없고, 말하여지지 않은 무엇을 짐작하고 상상하고, 답을 찾는 과정을 즐기니까요. "Any good movie is filled with secrets." 이 말에서 'be filled with'는 '무언가로 채워져 있다'를 뜻하는 수동태입니다. 행위(fill)에 대한 주체가 무엇인지 구체적이지 않을 때는 이렇게 수동태로 자주 표현됩니다. 오늘은 수동태에 대해 좀 더 알아볼까요?

오늘의 문법 포인트

by를 사용하지 않는 수동태

수동태의 기본 형태는 be+p.p(과거분사)+by라고 우리는 잘 알고 있습니다. 아래 예문을 보면 능동형 문장의 주어가 수동형 문장으로 바뀌며 by와 함께 사용되었습니다.

Rita wrote a letter.
Rita가 편지를 썼다. → A letter was written by Rita.
편지가 Rita에 의해 쓰였다.

그런데 by 대신 **at, with, about, in, to, of** 등을 취하는 수동태도 있습니다. 동사의 의미를 헤아리면 함께 사용되는 전치사를 기억하는 데 도움이 됩니다. 해당하는 동사들을 의미와 함께 정리하면 다음과 같습니다.

| 놀라움의 at |
be **surprised** at / be **amazed** at / be **astonished** at
be **frightened** at / be **shocked** at

| 기쁨, (불)만족의 with |
be **satisfied** with / be **dissatisfied** with
be **pleased** with / be **associated** with ~와 어울리다
be **equipped** with ~를 갖추다 / be **filled** with

| 걱정의 about |
be **concerned** about / be **worried** about

| 몰두, 참여의 in |
be **engaged** in ~하느라 바쁜(~에 몰두한) / be **interested** in / be **involved** in

| 헌신 3총사 to |
be **committed** to / be **dedicated** to / be **devoted** to

특별한 이유 없이 그냥 of를 쓰는 동사도 있습니다.

| 그냥 of |
be **ashamed** of ~를 부끄러워하다 / be **convinced** of~ ~를 확신하다
be **composed** of~ ~로 구성되다

예문들을 좀 더 살펴볼까요?

✔ **People are always surprised at** what a nice guy I am.
사람들은 내가 얼마나 멋진 사람인가에 늘 놀란다.

✔ **I'm still amazed at** how the universe works.
나는 우주가 어떻게 작동하는지가 여전히 놀랍다.

✔ **I'm shocked at** how much I can talk about myself.
나는 내가 나에 대해 얼마나 많이 말을 할 수 있는지가 놀랍다.

✔ **I'm astonished at** the speed of social media. 나는 소셜 미디어의 속도가 참 놀랍다.

✔ **I want to be associated with** good entertainment.
나는 훌륭한 공연에 참여하고 싶다.

✔ Motherhood was my career. **I'm totally satisfied with** that.
나의 직업은 엄마다. 나는 그 사실에 아주 만족한다.

✔ Christine **is not satisfied with** anything she does.
Christine은 그녀가 하는 어떤 일에도 만족하지 못한다.

늘 특정 전치사와 함께 사용되는 동사를 **구문동사**phrasal verb라고 합니다. 구문동사를 많이 외워둘수록 어휘력이 크게 향상된다는 거 꼭 기억하세요. 체력이 떨어지고 몸이 피곤할수록 암기가 안 되는 경우가 많습니다. 주변 생활을 단순화하고 두 번, 세 번 쉬엄쉬엄 읽어보세요. 그리고 자기 전에 한 번 더 보면 좋고요. 반드시 매일의 반복이 쌓여 영어 실력이 발전하는 겁니다. 어학공부를 할 때는 특히 **누적의 힘**을 믿어야 합니다. 꾸준히 밀고 나가세요. 그런 의미에서 예문 몇 개만 더 볼까요?

✔ **I'm committed to** working with teachers. 나는 선생님들과 함께 일하는데 전념한다.

✔ **I'm not ashamed of** myself. 나는 내 자신이 부끄럽지 않다.

✔ Life **is composed of** different inventions. 인생은 다양한 발명품들로 구성된다.

✔ I **am convinced of** this, by the way. 어쨌건 나는 이것을 확신한다.

팁을 드리자면 복습의 가장 좋은 시점은 '공부한 직후'와 '잠자기 직전', 그리고 '자고 일어나서 바로'라는 연구 결과가 있습니다. 작은 실천이 큰 변화를 낳습니다. 오늘 바로 실천해볼까요? 그런 의미에서 하루 3문장, 나만의 문장 작성하기로 마무리하겠습니다. 전 여러분이 반드시 문장 만들기를 하고 오늘 하루를 마칠 거라고 확신합니다!

"I am convinced of that you will write as an today's exercise!"

나만의 문장 쓰기

아래 구문을 이용해서 문장을 만들어보세요.

❶ be **surprised** at

_____

_____

❷ be **worried** about

_____

_____

❸ be **ashamed** of

_____

_____

오늘의 표현
56

나한테 상황 계속 알려줘.

Keep me posted.

오늘은 keep이란 단어에 대해 좀 생각해볼까 합니다. 기본 뜻은 '~을 유지하다, 계속하다'입니다. "Keep me posted."는 '계속 소식을 보내달라'는 뜻으로 회화에서 매우 자주 사용되는 표현입니다. 줄여서 KMP라고도 표현합니다. 얼마 전 어떤 영화에서 어떤 사고를 맡아 진행하던 형사 반장이 부하 직원들에게 '(사건, 상황을) 계속 나에게 보고해!'라고 말하는 것도 보았습니다. 그런데 왜 과거분사형 posted를 사용했을까요?

오늘의 문법 포인트
keep+목적어+p.p.(과거분사)

우리는 **keep ~ing**구문을 '~를 계속 유지한다'는 뜻으로 잘 알고 있습니다. 이 표현은 주어가 능동적으로 계속 일을 진행하는 것을 의미할 때 씁니다. 예문을 볼까요?

✔ Jane **keeps trying** to distract me. Jane이 계속 내 정신을 산만하게 한다.
✔ Iris **kept hoping** that James would phone her.
Iris는 James가 그녀에게 연락하길 계속 바랬다.

그런데 오늘의 표현 "Keep me posted."는 현재분사 -ing형이 아닌 과거분사형을 사용하고 있습니다. 내가 알리는 것이 아니라, '내가 아는 상태가 되도록 해달라'는 수동의 의미이기 때문에 posting이 아닌 posted가 된 것입니다. 관련 예문들을 더 살펴보겠습니다.

✔ Keep me posted about live count of coronavirus deaths.
코로나 바이러스 사망자 현황을 나에게 계속 보고해라.
✔ Please keep me posted if there is any updates on this accident.
이 사고에 대해 갱신된 정보가 있으면 나에게 계속 알려줘.

비슷한 표현으로 **keep me informed of~**가 있습니다.

> ✓ Please **keep me** fully **informed of** any developments.
> 어떤 진전 상황이라도 나에게 계속 다 알려주세요.

잠시 쉬어가는 의미로, keep과 관련된 재미있는 표현을 알려드리겠습니다. 바로 **keep my fingers crossed**입니다. 손가락으로 십자가가 만들어지게 한 다는 의미로 '행운을 빈다wish for luck'는 표현입니다.

I am keeping my fingers crossed for your new business.
새로 시작한 사업이 번창하길 기원할게요!

Oh, thank you!
고마워요!

보충학습 ▶ 동사+목적어+p.p.(과거분사) 구문

keep 대신 have, let 등 사역동사를 이용하는 표현도 좀 더 알아보겠습니다. 목적어가 수동 상태로 해석되는 경우, 과거분사형을 쓴다고 이해하면 되겠습니다.

- ✓ I need to **have my eyes checked** soon. 나는 조만간 눈 검사를 받아야 한다.
- ✓ I **had my hair cut** this morning. 나는 오늘 아침에 머리를 잘랐다.
- ✓ I'm going to **have my house painted**. 나는 우리 집을 페인트칠 할 것이다.

3

Cool-up

멋진 척
할 수 있는
표———현

첫 키스의 가장 중요한 부분은 첫 키스 바로 직전이다.

The best part about a first kiss is right before it.

첫 키스만큼 떨리는 게 또 있을까요. 그런데 첫 키스보다 더 떨리고 중요한 순간이 있다고 합니다. 그 순간이란, 첫 키스 바로 직전이라고 합니다. 이 말은 미국의 젊은 꽃미남 배우 브렛 데번(Brett Davern)이 한 말입니다. '바로 직전', '방금 전'과 같은 말은 영어로 어떻게 표현할까요?

오늘의 문법 포인트
'직전', '직후' 표현하기

right은 '옳은'이란 뜻이 기본이지만 '바로'라는 뜻도 있습니다. right before 는 '바로 전에', right after는 '바로 후에'라는 의미가 됩니다.

- ✔ I mostly read **right before** sleep. 나는 주로 자기 직전에 책을 읽는다.
- ✔ I just stroll in **right before** the recording goes on.
  나는 녹음이 시작되기 직전에는 그저 걷는다.
- ✔ I love the smell **right after** a storm. 나는 폭풍우가 지나간 직후의 냄새가 좋다.
- ✔ **Right after** I left drama school, I had a job.
  연극 학교를 졸업한 직후 나는 일을 했어.

right after 대신 **immediately after**를 사용할 수도 있습니다. 관련된 표현을 사용한 유익한 정보도 살펴볼까요?

오늘의 Tip **3 Things You Need to Do Immediately After a Workout**
운동 직후에 해야 하는 세 가지

---

❶ Stretch. 스트레칭을 하라.

❷ Change your clothes. 옷을 갈아입어라.

❸ Refuel for recovery. 회복을 위해 몸에 연료를 공급하라.

right 외에도 '직전에', '직후에'를 표현할 수 있는 단어들이 많습니다. 이것들은 모두 부사라는 공통점이 있습니다.

> immediately / shortly / promptly / directly + after / before

✓ Immediately after the Olympics, I was pretty fatigued.
올림픽 직후 나는 너무나 피곤했다.

✓ We knew shortly after the war that our troops were becoming ill.
우리는 전쟁 직후에 우리 부대원들이 아플 것을 알았다.

✓ Some of my biggest victories have come directly after some of my biggest failures. 몇몇 나의 큰 승리는 몇몇 나의 큰 패배 직후에 왔다.

여기서 주의할 점! soon은 soon after는 있지만 soon before는 없다는 것입니다. 왜 그럴까요? soon은 미래를 의미하므로 과거를 뜻하는 before와 의미상 잘 안 어울리기 때문입니다.

✓ Soon after the arrival of Darren, dinner was announced by Amy.
Darren이 도착한 직후 Amy가 만찬이 있다고 정식으로 발표했다.

Check point

다음 빈칸을 채워보세요.

❶ Do not use your smart phone _____ you sleep.

잠자기 직전에는 스마트폰을 사용하지 마세요.

❷ I fell asleep _____ heavy dinner yesterday.

나 어제 밥을 잔뜩 먹은 직후에 곯아떨어졌어.

58

우리의 시간은 제한적이니, 이 시간을 최대한 활용해야 한다.

We have limited time, and we have to make the most of it.

· ·

세계의 억만장자 만수르도 돈으로 살 수 없는 게 있습니다. 세상 모든 존재에게 똑같은 양으로 주어진 것, 바로 시간입니다. 우리에게는 선택권이 없습니다. 이미 주어진, 제한된 시간입니다. 주어진 시간, 제한된 시간 등은 영어로 어떻게 표현할까요?

오늘의 문법 포인트

과거분사형으로 명사를 수식하는 단어들

limited는 '제한된'이란 의미로 형용사처럼 사용됩니다. 이런 단어를 분사형용사라고 합니다. 분사형용사는 능동의 의미일 땐 –ing형을, 수동의 의미일 땐 과거분사, 즉 p.p.형을 취합니다.

> ✓ I have a limited understanding of quantum physics.
> 나는 양자물리학에는 제한된 지식밖에 없다.

보통 과거분사를 사용하면 수동의 의미를 갖습니다. '수동의 의미'를 갖는 것은 '~된'으로 번역되는 단어들입니다. 예를 들어, updated는 '업데이트 된'이란 뜻이지요. 반대로 '능동의 의미'를 갖는 것은 '~하는/중인'으로 해석되는 –ing형 형용사를 가리킵니다. an interesting book재미있는 책, a sleeping baby자고 있는 아기 등을 예로 들 수 있습니다.
예문을 좀 더 볼까요?

> ✓ It's embarrassing to be caught telling a lie. 거짓말하다가 들키는 것은 당황스럽고 부끄럽다.
> ✓ I've never been so embarrassed in my life.
> 나는 내 인생에서 이렇게 당황스럽고 부끄러운 적이 없었다.

첫 문장에서 거짓말하는 것은 **남을 당황하게 하므로 embarrassing!** 두 번째 문장에서는 사람 **스스로가 당황하므로 embarrassed!** 즉, 남에게 영향을 미치면 –ing, 그 스스로 영향을 받으면 수동의 의미로 과거분사(p.p.)를 사용한다는 걸 기억하세요.

> ✓ The **updated employee manual** includes a section on data security.
> 그 업데이트된 직원 매뉴얼은 자료 보안에 관한 부분을 포함하고 있다.

보충학습 ▶ 과거분사형이 명사를 수식하는 추가 사례들

renovated buildings 새롭게 고쳐진 빌딩들
broaden theory 확장된 이론
a broken arrow 부러진 화살
missed call 부재중 전화(즉, 못 받아서 놓친 전화)

✓ Oh! Iris just gave me a missed call. I'd better call her back!

앗! Iris가 부재중 전화를 했네. 지금 답하는 게 좋겠어.

✓ My shirt is lost. Maybe it is missing. 셔츠가 안보이네. 아마도 행방불명된 듯하다.

주의! missed와 missing을 구분하세요. 뜻이 완전히 달라지니까요.

a missing child는 행방불명된 미아라는 뜻이죠!

그런데 가끔 수동의 의미가 없는데, 수동 형태로 쓰이는 경우가 있습니다. 대표적인 예가 complicated입니다. 예를 들어 a complicated voting system은 '복잡한 투표 시스템'이란 뜻이지요.

- ✔ **The game's rules are too complicated.** 게임 규칙들이 너무나 복잡하다.
- ✔ **The machine has a complicated design.** 그 기계는 복잡한 설계를 가지고 있다.

어울리는 단어들은 chunk로 익히는 것 잊지 마세요. 분사 형용사들은 일상에서 매우 흔하게 쓰이니 잘 익혀둬야 합니다. -ing로 수식하느냐, 과거 분사형으로 수식하느냐 역시 정확한 뜻 표현으로서 매우 중요하기 때문에 헷갈리지 않게 익혀두세요.

나만의 문장 쓰기

아래 단어를 이용해서 문장을 만들어보세요.

❶ embarrassing

❷ embarrassed

나는 그녀가 마음을 바꾸도록 설득할 수가 없었다.

I couldn't persuade her to change her mind.

누군가가 내린 마음의 결정을 바꾸라고 설득하는 일은 쉽지 않습니다. 확실한 근거가 필요한 경우도 있고, 감정에 호소해야 하는 경우도 있습니다. 힘든 일이지요. 하지만 힘들어도 살다보면 설득해야 하는 일이 필요한 순간이 있지요. '마음을 바꾸다', '마음을 바꾸라고 설득하다'와 같은 말은 영어로 어떻게 표현할까요?

오늘의 문법 포인트
enable+목적어+to부정사

앞서 to부정사를 목적어로 취하는 동사들과 동명사(-ing)를 목적어로 취하는 동사를 구분지어 정리했었지요. 오늘은 이들 못지않게 중요한 '동사+목적어 +to부정사' 구문을 이번에 정리해볼까 합니다.

"Art is the lie that **enables us to realize** the truth. 예술은 우리가 진실을 깨닫게 해주는 거짓말이다."

이 말은 화가 파블로 피카소(Pablo Picasso)가 한 말입니다. 이 문장에서 'enable+목적어+to부정사' 구문이 보입니다. 이 구문을 자주 활용하는 동사들 중에 encourage, persuade도 있습니다. 예문들을 살펴볼까요?

- ✔ I like to **encourage others to reach** their goals.
  나는 남들이 그들의 목표에 도달하도록 격려하는 것을 좋아한다.

- ✔ Goals **enable you to do** more for yourself and others, too.
  목표는 당신뿐 아니라 다른 사람들을 위해서 더 많은 일을 하게 한다. - 미국의 작가 지그 지글러(Zig Ziglar)가 한 말로, 목표를 세우면 능동적으로 자기뿐 아니라 남을 위해서도 일을 더 잘 하게 된다는 뜻입니다.

학창시절, 5형식 동사라고 들었던 기억이 나시나요? 바로 이 동사가 취하고 있는 문장 구조가 5형식이고, 5형식 동사입니다. '타동사+목적어+to부정사' 의 구조는 일상 회화에서도 자주 사용되는 문장 형식이니, 해당하는 동사들과 문장 구조를 잘 익혀두세요. 스스로 자신만의 문장을 만드는 것이 도움이 될 겁니다. 해당 동사들을 정리해볼까요?

| 5형식 동사 |

expect, tell, want
advise조언하다, allow허용하다, permit허용하다
ask, require요구하다
convince설득하다, persuade설득하다
enable할 수 있게 하다, encourage용기를 주다
inspire영감을 주다, motivate동기부여하다
forbid금하다, force강요하다, get시키다
invite초청하다, lead이끌다, urge촉구하다

외워야 할 동사들이 너무 많다고 느껴지나요? Collins Cobuild에서 나온 교재 *Verb Patterns*에는 수백 개가 5형식 동사로 제시됩니다. 그중에서 자주 사용되는 단어로 고른 것이 위의 동사들입니다. 꾸준히, 그리고 반복해서 공부하다보면 무릎을 탁! 치게 만드는 어떤 공통점이나 맥락이 잡히며 쉽게 암기가 되는 순간이 옵니다. 그때까지는 겁먹지 말고, 반복, 또 반복하며 예문을 읽어주세요.

✔ I hope this will convince you to change your mind.
나는 이것으로 당신이 마음을 바꾸길 바래요.

✔ She forbade me to tell anyone. 그녀는 내가 누구에게도 말하지 못하게 했다.

✔ Dad allowed me to go to the party. 아빠는 내가 그 파티에 가는 것을 허용해주셨다.

✔ Lawyers urged me to take further legal action.
변호사들은 내가 추가적인 법적 행동을 취하도록 촉구했다.

조금 긴 문장도 도전해볼까요?

✔ It takes time to persuade men to do even what is for their own good.
사람들이 자기 자신을 위한 일을 하게 하는데도 시간이 걸린다. -토머스 제퍼슨(Thomas Jefferson)

✔ The security guard didn't allow the salesman to enter the building.
경비원은 그 영업사원이 건물 안으로 들어가지 못하게 했다.

영감을 드리는 명언으로 마무리하겠습니다.

"The right quote can inspire people to change their ways. 올바른 명언은 사람들이 그들의 방식을 바꾸도록 영감을 준다. −지그 지글러(Zig Ziglar)"

보충학습 ▶ **동사의 성격에 따라 달라지는 문장 구조들**

❶ **'동사+목적어+to부정사'로만 쓰이는 동사들**

dare감히 ~하다, encourage, force, invite, order, persuade, remind, teach tell, warn

- -

❷ **'동사+to부정사', '동사+목적어+to부정사' 모두 사용하는 동사들**

ask, beg애걸하다, expect, help, intend, want

- -

❸ **advise / allow / forbid / permit / rec ommend+목적어+to부정사**

advise, allow, forbid금하다, permit, recommend와 같은 단어들은 일반 목적어가 없을 경우, to부정사 대신 −ing를 취합니다.

☑ **We don't allow people to smoke in the office.**
   우리는 사무실에서 사람들이 흡연하는 것을 허용하지 않는다.

☑ **We don't allow smoking in the office.** 우리는 사무실에서 흡연하는 것을 허용하지 않는다.

그는 벽에 있는 욕설이 다 지워져야 한다고 했다.
He insisted that all swear words be erased from the wall.

insist는 주장하다, 즉 강하게 자신의 생각을 말한다는 뜻의 동사입니다. 이런 단어를 쓸 때는 유의할 점들이 있습니다. 주장하는 내용이 되는 that절 뒤에 오는 동사가 원형이어야 한다는 것입니다. 왜 그 럴까요? 앞서 배운 '오늘의 표현 47'을 다시 열어보시면 무릎을 탁! 치실 겁니다.

오늘의 문법 포인트
제안, 요구, 주장, 명령 동사+that 주어+동사원형

insist, ask, command, demand, order, propose, recommend처럼 제안, 요구, 주장, 명령의 내용을 담고 있는 동사 다음에 오는 that절에서는 동사원 형을 씁니다. 영국에서는 동사원형 앞에 가벼운 의무를 의미하는 should를 쓰는 경향이 있지만 미국에서는 should를 생략하고 동사원형만을 씁니다. 미 국에서 출제하는 TOEIC같은 공인영어 시험에서도 동사원형만 정답으로 간 주합니다. 하지만 영어의 원조라고 하는 영국에서는 원래 이 문장의 취지를 살려 should를 넣는 경향이 강합니다.

✔ **We requested** that the next meeting **be** held on a Monday.
우리는 다음 회의가 월요일에 열리도록 요청했다.

이런 성격을 가진 동사를 당위동사라고 하고, 당위동사의 목적절에는 동사원 형(앞에 should가 생략)이 온다는 걸 기억해주세요.

| 당위동사 |
insist, advise, ask
command명령하다, order, demand
desire, propose, suggest
recommend, request, require

✓ The lawyer **asked** that her client **be** allowed to make a phone call.
그 변호사는 그녀의 고객이 전화를 걸 수 있게 해달라고 요청했다.

✓ The designer **insisted** that the company (should) **pay** him immediately.
그 디자이너는 그 회사가 즉시 그에게 돈을 지불해야 한다고 주장했다.

✓ He **commanded** that the troops (should) **cross** the water.
그는 부대원들에게 바다를 건너라고 명령했다.

✓ She **demanded** that he **return** the books he borrowed from her.
그녀는 그에게 그녀로부터 빌려간 책을 돌려달라고 요구했다.

이번엔 좀 긴 문장에 도전해봅시다!

✓ It has often been **proposed** that the president **be** elected by direct
popular vote. 직선으로 대통령이 선출되어야 한다는 주장이 종종 나온다.

✓ I **recommend** that the Statue of Liberty on the East Coast **be**
supplemented by a Statue of Responsibility on the West Coast.
나는 동부 해안의 자유의 여신상이 서부 해안의 책임의 동상에 의해 보완되길 추천한다.

보충학습 ▶ 당위동사의 명사형 뒤에도 동사원형!

당위동사의 명사형들, 즉 order, proposal, recommendation, request, suggestion
과 같은 명사 뒤에도 동사원형이 옵니다.

✓ We have made a request that we not **be** disturbed.
우리를 방해하지 말라고 요청했다.

✓ Have you seen my suggestion that work hours **be** reduced?
근무시간을 줄여야 한다는 저의 제안을 보셨나요?

✓ The report makes the recommendation that no more prisons (should)
be built. 그 보고서는 감옥을 더 짓지 말라고 권고하고 있다.

'앞으로' 무엇을 하자고 제안이나 요구하는 것이 아니라면, 동사원형이 아니라 해당하는 시제를 사용할 수 있습니다.

✔ **John still insists (that) he did nothing wrong.**
John은 자기가 전혀 잘못한 일이 없다고 주장했다.

과거에 잘못한 것을 말하므로 과거 시제를 쓴 이 문장은 맞는 문장!

✔ **All the evidence suggests (that) he is guilty.**
모든 증거는 그가 유죄라는 것을 시사하고 있다.

suggest가 '제안하다'라는 의미가 아니라 '암시하다', '시사하다'의 의미로 사용될 때는 that절에 동사원형 be가 아니라 일반적인 시제형, 과거 등의 시제가 얼마든지 올 수 있습니다. 앞으로 무엇을 하자고 제안하고 요구하고 주장할 때만 '(should)+동사원형'이 온다는 사실을 기억하세요!

이 공연은 성인을 동반하지 않을 시 18세 이상 관람가다.

This show is for those 18 or older unless accompanied by an adult.

'무엇에 쓰는 물건인고?'라는 질문에 대한 답으로 사물의 용도나 목적을 표현할 때 많이 사용되는 전치사가 for입니다. 어린이용 자전거를 표현할 때 'the bicycle for children'이라고 하죠. '18세 이상 관람가 영화'는 어떻게 표현할까요? 어렵게 느껴지지만 의외로 쉽습니다. '18세 이상인 이들을 위한 영화'라는 뜻이니 'The movie for 18 or older'가 됩니다. 특정한 조건을 달고 있는 용도를 설명하기 위해 문장을 추가해야 할 때는 if 또는 unless와 같은 접속사를 사용하면 됩니다. 그런데 모든 언어는 경제성을 추구하죠. 긴 문장을 싫어해요. 그래서 접속사 뒤에 반드시 주어+동사가 오지 않는 경우가 생긴답니다. 어떤 경우인지 살펴볼까요?

오늘의 문법 포인트
접속사 뒤에 '주어+동사'가 생략되는 경우

문장과 문장을 연결해주는 접속사 뒤에는 보통 '주어+동사'가 옵니다. 그런데 '주어+be동사'가 생략되어 쓰이는 표현들이 많습니다. **굳이 쓰지 않아도 이해할 수 있는 경우, 생략하고 간단하게 표현하는 것이 좋으니까요.** 회화에서 특히 중요한 언어의 경제성! 여기에 적용할 수 있겠네요.

오늘의 표현의 원래 문장은 "This show is for those 18 or older unless (they are) accompanied by an adult."입니다. 하지만 'they are'를 굳이 쓰지 않아도 앞의 문장에 있는 'those 18 or older (18세 이상인 이들)'라는 걸 알 수 있죠. 그래서 생략합니다.

다음은 브라질 대통령 룰라(Lula)가 한 유명한 말입니다. 무엇이 생략되었는지 짐작해보실까요?

✔ Everyone is innocent **unless proven** otherwise.
모든 사람들은 달리 입증되지 않으면 무죄다. -룰라(Lula)

이렇게 they are/he is/she is/it is 등이 생략되어 쓰이는 문장들이 많습니다. 문장에 단어가 생략되는 것은 시간이 지날수록 간결한 문장을 선호하기 때문이라고 이해하면 됩니다.

> ✓ **Cash only unless otherwise indicated.** 별도의 표시가 없다면 현금만 쓸 수 있다.

이 문장은 "We only accept cash unless (it is) otherwise indicated."입니다. cash를 굳이 두 번 언급하지 않아도 당연히 앞 문장의 cash라는 것을 알 수 있으므로 가주어 it을 사용할 수 있고, 이마저 생략해도 되는 거죠.

> ✓ **Theaters are in Seoul unless otherwise noted.**
> 달리 언급이 없으면 극장들은 서울에 있다.

이 문장은 "Theaters are in Seoul unless (they are) otherwise noted."가 줄어든 문장으로 이해해 볼 수 있습니다. they는 theaters를 가리키고, 이마저 생략한 형태입니다.

> ✓ **Admission is free unless otherwise noted.** 달리 언급이 없으면 입장료는 무료다.

이 문장은 "Admission is free unless (it is) otherwise noted."가 줄어든 문장입니다.

> ✓ **All of the tours are self-guided unless otherwise indicated.**
> 모든 여행은 별도의 표시가 없으면 혼자 알아서 진행한다.

마지막으로 이 문장은 "All of the tours are self-guided unless (they are) otherwise indicated."가 줄어든 문장으로 이해할 수 있습니다.

접속사 뒤에 '주어+be동사'가 생략되는 형태로 빈번하게 사용되는 표현으로 'while on duty'가 있습니다. 원 문장은 'while (they are/he is/she is) on duty'로 볼 수 있습니다. 신문기사 제목처럼 짧고 간결하게 표현해야 하는 경우 종종 볼 수 있습니다. 예시를 하나 볼까요?

✅ **Wife Beating Officer Is Arrested While on Duty**
아내를 때린 경찰관이 근무 중에 체포되다

영어에서 기사, 책, 논문 등 글의 주요 제목은 주요 단어의 첫 글자를 대문자로 표현해요!

위 기사 제목은 Wife Beating Officer Is Arrested While (He Is) on Duty를 줄여 쓴 문장입니다. 다른 예시도 보죠.

✅ **You should not sleep** while on duty. 근무 중에 자면 안 된다.

이 문장은 본래 "You should not sleep while (you are) on duty."가 줄어든 문장으로 볼 수 있습니다. 이 문장에서 on duty는 on the job근무 중에/일하다가과 같은 뜻으로 이해하면 됩니다.

오늘 공부를 마치기 전에 한 마디만 더 보충! 보충학습에 등장한 예문들에서 접속사 while 자리에 전치사인 during을 대신 쓰면 안 됩니다. 접속사 뒤에서 주어+동사는 생략 가능하지만, 일반적으로 전치사 뒤에 또 전치사 on이 올 수는 없기 때문입니다.

그는 우리에게 두 시간의 자유 시간이 있다고 했다.

He pointed out that we had two hours to kill.

. . . .

point는 정말 많은 뜻을 가진 단어입니다. 그중 명사로 사용되었을 때 '(특정한 한) 지점'이란 뜻이 있습니다. 유사한 의미의 동사로 쓰일 때 '(손가락 등으로) 가리키다, (특정 사실을) 지적하다'로 해석되기도 합니다. '가리키다, 지적하다' 등을 의미할 때는 point out 형태로 사용합니다.

오늘의 문법 포인트
목적어를 that절로 주로 취하는 동사

동사는 패턴을 외우는 게 좋습니다. 외우는 거 너무 거북하게 생각하지 마세요. 영어 공부의 기본은 암기니까요. 그리고 외워서 남 주나요? 저를 믿으세요. 이해는 한 번만 하고, 다음은 저절로 나올 정도로 외우는 겁니다. 영어 공부에선 외우는 것들이 다 자기 자신에게 남습니다. 아래의 동사들은 타동사로 목적어를 취할 때 주로 that절(that+주어+동사)을 취하는 것들입니다. 동사의 의미 자체가 어떤 긴 내용을 목적어로 취해야 하는 경우가 많기 때문입니다.

point out 지적하다 **believe** 믿다 **think** 생각하다 **indicate** 나타내다 **say** 말하다 **state** 진술하다 **predict** 예측하다 **admit** 인정하다	that	주어+동사

여기서 잠깐! point는 단독으로 사용되었을 때 that을 취할 수 없습니다. point out으로 사용되어야 '지적하다'는 뜻을 지니며 목적어로 that절을 취할

수 있습니다. 예문과 함께 좀 더 설명하겠습니다.

> ✓ Joe **pointed** at the hole in the door. Joe가 문에 구멍을 가리켰다.
> ✓ The knight had **pointed** a lance at the enemy. 그 기사는 적들에게 창을 겨누었다.

point 자체만으로는 '가리키다'를 뜻하며, 이렇게 전치사를 동반하는 자동사 **point at**으로 쓰이거나 타동사로서 명사를 목적어로 동반하는 형태로 쓰입니다. 그러므로 **point out**까지 나와야 '지적하다'는 의미가 되며 그 뒤에 that절이 올 수 있습니다.

> ✓ Critics **point out that** the king should be paying tax.
> 비평가들은 왕이 세금을 내야 한다고 지적했다.

that절을 동반하는 동사들 중에는 indicate/say/state/predict/believe/think/admit 등이 있고, 이 동사들 다음의 that절에는 완전한 문장이 옵니다. 그리고 여기서 **that**은 종종 생략되기도 합니다. 생략된 **that**을 충분히 예측할 수 있으니까요.

> ✓ She **admits** (that) she is very possessive.
> 그녀는 자기가 매우 소유욕이 강하다는 사실을 인정한다.
> ✓ Our survey **indicates** (that) the child is bullied at school.
> 설문조사가 그 아이가 학교에서 괴롭힘을 당했다는 것을 보여준다.

좀 더 긴 문장에 도전해봅시다.

> ✓ The professor **stated** (that) she was were unhappy with the proposal.
> 그 교수는 그 제안에 만족하지 못한다고 말했다.
> ✓ The fortune-teller **predicted** (that) within a year he would be in charge of the whole company.
> 그 점쟁이는 1년 안에 그가 회사 전체를 책임지는 사람이 될 것이라고 예언했다.

belief믿음, fact, hope, idea, possibility가능성, suggestion, statement성명, claim주장, comment논평, argument주장 등 추상적인 의미를 갖는 명사들은 의미를 구체적으로 설명하는 내용이 필요한 경우가 많습니다. 이때, 추상 명사를 설명하기 위해 that절을 이용합니다. 예문들을 통해 좀 더 알아봅시다.

✔ The fact that people don't like me doesn't bother me.
사람들이 나를 좋아하지 않는다는 게 날 속상하게 하지 않아요.

✔ I've definitely accepted the fact that I'm not normal.
나는 분명 내가 정상이 아니라는 사실을 받아들여 왔다. - Becky G(미국 음악가)

✔ We never gave up hope that she would be found alive.
우리는 그녀가 살아서 발견될 희망을 포기하지 않았다.

✔ The police are investigating the possibility that a bomb was planted on the jet. 경찰들은 폭탄이 제트기에 설치되었을 가능성을 조사 중이다.

일상회화에서 that절로 앞선 명사를 부가 설명하는 방식은 매우 흔합니다. 입에 붙을 때까지 읽고, 자신만의 문장을 만들어 외워버리세요!

나만의 문장 쓰기

아래 구문을 이용해서 문장을 완성해보세요.

❶ I believe that~

❷ I predict that~

당신이 무얼 가졌건, 그걸 쓰지 않으면 잃게 된다.

Whatever you have, you must either use it or lose it.

오늘의 표현은 자동차의 왕, 미국의 기업가 헨리 포드가 한 말입니다. 큰 성공을 이룬 사람은 역시 대범한 태도를 가지고 있는 것 같습니다. "Whatever you have, you must either use it or lose it." 이 말은 자기 안의 잠재력을 찾아 이용하라는 말일 겁니다. 쓰지 않으면 어차피 결국 잃게 되니까요.

오늘의 문법 포인트
either A or B

영어 초보자는 낱개의 단어만 보는 경향이 있습니다. 하지만 공부를 좀 하다 보면 단어 간의 관계를 볼 줄 알게 됩니다. 오늘은 상관관계를 보고 이해하는 연습을 할까 합니다.

✓ I will **either** be famous **or** infamous. 나는 유명해지거나 아예 악명 높아질 거야.
✓ Most guys are **either** big talkers **or** big workers.
   대부분의 남자들은 뻥쟁이거나 일중독자들이다.

상관관계는 너무나 많습니다. both A and B/no A but B/not only ~but also/so ~ that/such 명사 ~ that 구문 등이 있습니다. 구문만 따로 외우지 말고, 예문을 통해 습득합시다. 다양한 예문을 볼까요?

✓ I love **both** garlic **and** onions. 나는 마늘과 양파 다 좋아한다.
✓ The soul is **neither** inside **nor** outside the body.
   영혼은 몸의 안이나 밖에 있는 것이 아니다.
✓ Marriage is **neither** heaven **nor** hell. 결혼은 천국도 지옥도 아니다.
✓ Sports **not only** build better athletes **but also** better people.
   스포츠는 더 좋은 운동선수를 만들 뿐 아니라 더 좋은 사람들을 만든다.

✓ Sue is **so** cute **that** many people like her.
   Sue는 너무 귀여워서 많은 사람들이 그녀를 좋아한다.

✓ I was **so** sleepy **that** I couldn't keep my eyes open.
   나는 너무 졸려서 눈을 뜰 수가 없었다.

✓ It was **such a** hot day **that** nobody could do any work.
   날씨가 너무 더워서 아무도 일을 할 수가 없었다.

✓ It's **such a** great movie **that** I've watched it several times.
   너무나 좋은 영화여서 나는 그 영화를 서너 번 봤다.

보충학습 ▶ so~ that 구문과 such~that 구문의 차이

우리는 'so+형용사/부사 that절', 'such 명사+that절'로 많이 배웠습니다. 그러나 그게 전부가 아닙니다. 하지만 so 다음에 명사가 오는 경우도 있습니다.
so+many/much/few/little+명사+that절을 기억해두세요.

✓ I have **so much** work **that** I won't be able to sleep until Thursday.
   나 할 일이 너무 많아서 목요일까지 잠을 못잘 거야.

✓ **So many** people have won Emmys **that** I think it's a degraded award.
   너무 많은 사람들이 Emmy상을 타서 나는 그 상은 격이 떨어진다고 생각해.

✓ Skating has given me **so much that** it's priceless.
   스케이트가 나에게 너무나 많은 것을 주었기에 그것은 값으로 따질 수 없을 정도로 매우 소중하다. -미국 여자 피겨 스케이터, 미쉘 콴 (Michelle Kwan)

위 문장들의 so자리에 such를 쓰면 틀립니다.

한 번도 실수하지 않은 사람은 어떤 새로운 시도도
하지 않는 사람이다.

A person who never makes a mistake never tries anything new.

이 말은 노벨상을 수상한 천재 과학자 아인슈타인이 한 말입니다. 미리 결과에 대해 걱정을 하지 말고, 무엇이건 일단 시도해보라고 격려하는 말로 들립니다. 맞는 말입니다. 실수를 했다면 다음에 조심하고 실수하지 않도록 하면 됩니다. 최소한 실수나 실패로부터 배우는 것이라도 있습니다. 하지만 아무런 시도조차 하지 않는다면, 실수나 실패는 없겠지만, 배우거나 얻을 수 있는 것이 아무 것도 없습니다. '아무것도 달라지지 않으면, 성장도 없다'는 뼈저린 말로 와 닿습니다.

오늘의 문법 포인트
관계대명사 who, which, that

앞 문장의 사물, 사람을 받으면서 문장을 연결시켜주는 역할을 하는 것이 관계대명사입니다. 어떤 단어에 대해 추가로 설명하기 위한 '문장'이 필요할 때 연결해주는 역할을 한다고 생각하면 됩니다. 관계대명사란 이름도, 역할에 대한 설명도 좀 어렵게 느껴지나요? 예문을 보며 좀 더 알아봅시다.

✔ **A leader is one who knows the way, goes the way, and shows the way.**
지도자는 길을 알고, 길을 가고, 길을 보여주는 사람이다.

여기서 who는 그 앞의 사람 one을 받고, 그 뒤에 나오는 동사 knows의 주어 역할을 합니다.

✔ **The police officer who came was a friend of mine.** 여기 온 그 경찰은 내 친구였다.

여기서 who는 그 앞의 사람 The police officer을 받고 그 뒤에 나오는 동사 was의 주어 역할을 합니다.

✓ Only those who will risk going too far can possibly find out how far one can go.
아주 멀리 가는 위험을 무릅쓰는 사람들만이 자신이 얼마나 멀리 갈 수 있는지 알 수 있다. - T. S. Eliot

여기서 who는 그 앞의 사람 those를 받고, 그 뒤에 나오는 동사 will risk의 주어 역할을 합니다.

사물 명사를 받는 경우에는 that이나 which로 씁니다. 예문을 볼까요?

✓ We have seen several changes which/that are good for business.
우리가 사업에 좋을 몇 가지 변화를 보아왔다.

여기서 which나 that은 그 앞의 명사 changes를 받고, 뒤에 동사 are의 주어 역할을 합니다. 이들은 모두 관계대명사입니다.

그런데 that과 which는 다른 점도 있습니다. 위에서는 둘 다 가능하지만, 아래 문장에서는 which만 가능합니다. 한 번 살펴봅시다.

✓ Sora seemed more talkative than usual, which was because she was nervous. Sora는 평상시보다 더 말이 많은듯했는데, 이 사실은 그녀가 긴장했다는 것을 의미한다.

이 문장에서 which는 앞의 문장을 다 받는 which입니다. which는 단어, 구, 문장 전체를 다 받을 수 있고 쉼표(,) 다음에 올 수 있습니다. 관계대명사 that은 쉼표(,) 다음에 올 수 없습니다. 그래서 이 문장에서 which 대신에 that을 쓰면 틀린답니다.

보충학습 ▶ 관계형용사 whose

whose는 형용사 역할을 하면서 동시에 문장을 연결시켜주는 역할을 합니다. 그래서 소유격 관계대명사가 아니라 관계형용사라고 합니다.

☑ John works with a woman whose name I can't remember.

John은 내가 기억하지 못하는 이름의 한 여자와 함께 일한다.

whose와 앞의 who/that/which와 다른 점은 뭘까요? 앞의 who/that/which는 모두 명사 역할을 해서 문장에서 주어의 역할을 대신했습니다. 반면에 whose는 형용사 역할을 했습니다. 즉 whose는 형용사 역할을 하며 명사를 수식하기 때문에, whose 뒤에 명사가 옵니다. 그러나 관계대명사 주격으로 주어 역할을 하는 who/that/which 뒤에는 동사가 옵니다.

☑ A weed is a plant whose virtues have never been discovered.

잡초는 그 가치가 발견되지 않은 식물을 말한다.

Check point

다음 보기 의 단어를 재배열하여 문장을 완성하세요.

보기1 a person, who, loves, animals, any kinds of, She's

그녀는 어떤 종류의 동물이건 좋아하는 사람이다.

_____

_____

보기2 a person, who, detests, in any form, a lie, He's

그는 어떤 형태든 거짓말을 싫어하는 사람이다.

_____

_____

제 아버지가 돌아가신 지 10년이 지났어요.
Ten years have passed since my father died.

특정 시점부터 지금까지 죽 이어져온 사건을 표현할 때, 영어에서는 현재완료형을 쓴다고 했습니다. 우리가 40대 또는 50대가 넘어서면 우리네 부모님들이 여기저기 아프신 경우가 많습니다. 시간을 거스를 수 없는 게 인간의 육체니까요. 때론 돌아가시는 분들도 생깁니다. 생을 마감하다는 우리말이 '돌아가다'라는 게 좀 재미있지 않나요? 내 곁을 떠나는 건데, 우리말의 '돌아가다'는 '맨 처음 떠나왔었던 곳으로 다시 간다'는 의미니까요. 돌아가는 그 곳은 어디일까요. 철학적인 질문같습니다. 영어에서는 죽음을 보다 단순하게 표현합니다. 그냥 이 생을 지나갔다, 통과했다는 의미로 pass 또는 pass away를 사용합니다.

오늘의 문법 포인트
단수, 복수에 대한 구분

저는 고등학교 시절 경제적으로 무척 어려웠습니다. 정신적 고민, 육체적 고단함을 풀 수 있는 방법은 영어 공부를 하는 것과 교회에 다니는 것뿐이었지요. 당시 저는 학교에서 영어를 유난히 좋아했었고, 고등학교 때 선생님에게 이해가 가지 않는 문장을 물어보곤 했습니다.

그중 기억나는 문장이 바로 오늘의 표현에 사용한 "Ten years have passed since my father died."입니다. 왜냐면 이 문장에 대한 질문을 하고 선생님에게 많이 혼났기 때문입니다.

✓ If 100 years is a century then what is 50 years?
100년이 1세기면 50년은? - 참고로 이 퀴즈에 대한 정답은 half a century입니다.

당시 저는 위의 문장에서는 years를 단수 취급해서 그 다음에 동사가 is인데, "Ten years have passed since my father died."에서는 동사가 has가 아니고 have인 이유를 이해할 수 없었습니다. 제가 이 내용을 묻자 선생님은 제게 모욕감을 주면서 쓸데없는 질문을 한다고 하셨습니다. 왜 그러셨을까요? 선생님도 모르셨기 때문일까요? 그때는 선생님도 모르는 게 있다는 걸 인정하기 무척 꺼려하던 권위적인 시대였기 때문인 것 같습니다.

그리고 이 질문에 대한 답은 제가 고등학교를 졸업하고, 대학에서 영문학을 전공한 후 한참이 지나서 원서를 찾아보다 깨닫게 되었습니다. 10년은 그냥한 기간(a period of time)으로 보면 단수입니다. 예문을 보고 추가 설명하겠습니다.

✓ **How time flies! Three years is really a short time.**
시간이 너무 빨리 지나간다, 3년은 참 짧은 기간이다.

위 문장에서 3년은 한 기간 개념입니다. 그러나 오늘의 표현에서처럼 아버지가 돌아가시고 1주년, 2주년… 10주년을 기념하는 시간의 주기를 강조하는 경우에는 복수 취급을 합니다. 한 해, 한 해 세면서 지나가는 것이므로 결국복수 개념이 되기 때문입니다.

제가 당시 공부했던 원서에는 다음과 같은 설명이 나왔습니다. "If we want to emphasize the cycle of time, then 'have' sounds better.우리가 시간의 주기를 강조하고 싶을 때 has보다는 have를 쓰는 것이 낫다!"

✓ **Ten years have passed - ten long, lonely years - since Joe died at sea.**
10년이 지났다. Joe가 바다에서 죽은 그 긴 10년!

이 문장에서도 사람의 사망을 기념하는 1주년, 2주년 시간의 주기the cycle of time를 강조하기 때문에 복수인 거죠!

✓ **There are 12 months in one year.**
1년은 12달이다. - 이 문장에서 12달은 한 기간이 아니라 한 달이 12개 모인 겁니다. 그래서 복수 취급합니다.

그러나, 아래와 같은 경우는 다릅니다.

✓ **100 dollars is a lot for that cup.**
그 컵 값으로 100달러는 너무 많이 준 것이다. -여기서 100달러는 한 장의 지폐입니다!

✔ **Ten miles is a long way to go.**
10마일은 가기에 먼 길이다. -여기서 10마일은 한 거리이지, 1마일이 10개 모인 개념이 아닙니다!

이런 원리를 가르쳐 주는 분이 없어서 혼자 여기저기 원서를 찾다가 알게 되었습니다. 오늘은 보충학습이 없습니다. 대신 영어 공부를 할 때 가지면 좋은 태도에 대해 조금 더 얘기하려고 합니다. 생각을 표현하는 언어는 배우고자 하는 언어로 설명된 원서로 공부하는 게 좋습니다. 당장 원서를 펼치라는 말은 아닙니다. 하지만, 무언가 검증이 필요할 때는 원서, 원어민의 글이나 영상을 검색해보는 게 좋습니다. 그런 의미에서 마지막으로, 잘못 사용되고 있는 콩글리쉬 대신 정확한 영어 단어 하나를 알려드리며 마무리하겠습니다.

 오늘의 단어

untact vs. contactless

2020년 코로나19 사태 이후 비대면 문화가 활성화되며 우리나라 전역에 퍼지고 있는 영어 단어가 있습니다. 바로 untact언택트. 그런데 이 단어 맞는 표현일까요? 그렇지 않습니다. '비대면'의 정확한 영어 표현은 contactless입니다. 예시를 볼까요?

✔ **contactless delivery** 비대면 배달

✔ **zero contact delivery**

귀 기울여 듣는다면, 배울 것이다.
If you listen, you'll learn.

오늘의 표현으로 발췌한 글의 전체 문장은 다음과 같습니다. "If you listen, you'll learn. If you talk over each other, you don't accomplish anything. 귀 기울여 듣는다면, 배울 것이다. 당신들이 서로 말하려고만 하면 아무것도 얻을 게 없다." 미국의 천재 아역 배우이자, 플레이보이로도 유명했던 미국의 옛 배우 미키 루니(Mickey Rooney)가 한 말입니다. 대화의 가장 좋은 태도는 뭘까요? 말을 잘하는 것? 아닙니다. 잘 듣는 겁니다. 상대의 말을 잘 듣는 사람이 대화를 할 줄 아는 사람이고, 그런 사람은 누구와, 어떤 대화를 하건 그 대화에서 배우고 얻는 것이 있습니다.

오늘의 문법 포인트

때나 조건의 부사절에서는 현재로 미래를 대신하고, 주절은 미래를 쓴다.

조건의 부사절에는 현재형을 쓰고, 주절에는 미래형을 쓰는 것을 잘 관찰해 두세요. 좀 어렵나요? 예문과 함께 살펴봅시다.

✓ If you **don't** book now, you **won't** get good tickets.
지금 예약하지 않으면, 좋은 표를 살 수 없을 거예요.

때나 조건의 부사절을 이끄는 접속사는 다양합니다. if뿐만 아니라 when, while, unless 등이 모두 이 문법 사항에 해당됩니다. 즉, **if, when, while, unless, once**일단~하자마자절에는 will을 쓰지 않고 주절에만 will을 씁니다.

✓ I **will call** you when I **get** home from work. (O)
내가 퇴근해서 집에 가면 당신에게 전화할게.

I will call you when I will get home from work. (X)

- -

✓ When you **get** to the airport, **give** me a call.(O)
공항에 도착할 때 나에게 전화해라.

-명령문(give me a call)도 '앞으로 ~ 하라'는 의미이기 때문에 미래로 볼 수 있습니다.

When you will get to the airport, give me a call. (X)

✓ When the new fitness center **opens, I'll go** there every day.(O)
새로운 헬스 클럽이 문을 열면 나는 매일 거기 갈 거다.

When the new fitness center will open, I'll go there every day.(X)

- -

✓ When **I've finished** my report, **I'm going to phone** Jina.(O)
보고서를 다 쓴 후에 나는 Jina에게 연락할 것이다.

When I'll finish my report, I'm going to phone Clara. (X)

- -

✓ You'll **never do** a whole lot unless you're brave enough to try.
해보겠다는 용기가 없다면, 제대로 일을 이룰 수 없을 것이다.- 음악가 돌리 파튼(Dolly Parton)

✓ Once **I've picked** Jenny up, **I'll call** you.
Jenny를 태운 후에 당신에게 전화할게요.

✓ Once I **pass** all my exams, **I'll be** fully qualified.
모든 시험에 합격하면, 나는 완전한 자격을 갖추게 될 것이다.

때나 조건의 부사절에서는 현재나 현재완료로 미래나 미래완료를 나타내고, 주절만 미래를 씁니다. 이 문법 사항은 많은 영어 공인시험에 자주 출제되고, 일상 회화에서도 많이 쓰이니 잘 익혀두세요.

오늘은 아브라함 링컨 전 미국 대통령의 명언으로 마무리해볼까요?

> *"If you look for the bad in people, you will surely find it.* 타인의 단
> 점을 찾으려고 한다면, 분명히 찾을 것이다. –링컨(Abraham Lincoln)"

애써 남의 단점을 찾지 말고 좋은 점들을 배우는 사람이 되었으면 좋겠습니다. 좋은 명언을 암기하세요. 오늘의 보충학습은 생략합니다.

67

내가 억만장자라면 내 재산의 90퍼센트를 기부할 텐데.

If I were a billionaire, I would donate 90% of my wealth to charity.

우리는 가끔 현실과 동떨어진 상상을 하곤 합니다. 예를 들자면 이런 거? '로또에 1등으로 당첨된다면, 당장 회사를 그만두고 세계 여행을 떠날 텐데.' 하지만 실제로 로또 1등에 당첨될 확률은 매우 희박하고, 일어날 수 없는 일이라고 해도 과언이 아닐 겁니다. 그래도 가끔 현실의 고민을 잠시 접고, 상상을 하며 휴식 시간을 가지는 것, 괜찮은 것 같습니다.

오늘의 문법 포인트
가정법은 일어나지 않은 일이니 거짓말!

현실적으로 I 다음에 were가 올 수 없습니다. 그런데 이런 형태를 취하는 경우는? 일어나지 않을 일을 가정하는 경우입니다. 그래서 이 말이 거짓말이라고 표현한 것으로 이해하면 됩니다. 이렇게 인칭에 맞는 be동사를 쓰지 않고 were를 사용하는 가정법들을 예문을 통해 익혀볼까요?

✓ I would go there if I were younger. 내가 좀 더 젊다면 거기 갈 텐데.

✓ She acts as if she were the Queen. 그녀는 마치 여왕인 것처럼 행동한다.

✓ I wish the computer were working. 그 컴퓨터가 작동되면 참 좋겠다.

✓ If I were a billionaire, I will do everything positive.
내가 억만장자라면 긍정적인 모든 일을 할 것이다.

✓ Suppose she were here. What would you say?
그녀가 여기 있다고 가정해봐. 그럼 넌 뭐라 말할 거야?

✓ If I were in your place, I would not do it.
내가 당신의 입장이라면 나는 그 일을 하지 않을 것이다.

✓ If Tom were here, he could have solved the issue.
Tom이 여기 있다면 그 문제를 풀 수 있을 텐데.

If I were you,
I wouldn't eat it.
내가 너라면, 그거 안 먹을 거야.

산낙지 커버

▶ 가정법 과거완료와 혼합 가정법

❶ 가정법 과거완료

가정법 과거완료의 기본 형태는 다음과 같습니다.

If 주어 + had +p.p.(과거분사), 주어 + would have + p.p.(과거분사)

형태는 과거완료형이지만 본질적인 시제는 과거입니다. 예문들을 봅시다.

✓ If you had stuck your hand into the machine, you would have needed
medical attention.
당신이 손을 그 기계에 끼였다면 치료를 받았어야 했을텐데. - 실은 안 다쳐서 다행이란 말!

✓ If you hadn't stuck your hand into the machine, you wouldn't have
spent the evening in the emergency room.
만약에 당신이 그 기계에 손이 끼이지 않았다면 응급실에서 저녁을 보내지는 않았을 텐데. - 실은 다쳐서 치료
받는 상황!

❷ 혼합가정법

가정법 과거 시제와 가정법 과거가 혼합되는 가정법을 혼합가정법이라고 합니다. 예전에 김대균 족집게 강의로 김대균 토익 강의를 듣기 위해 수강생들이 밤샘 줄서기를 하던 시절이 있었습니다. 그때 제가 기고만장해서 학생들에게 '혼합가정법, 절대 시험에 안 나와요!'라고 말했는데, 자신 있게 말한 바로 그 달 토익 시험에 혼합가정법이 출제되었던 적이 있습니다. 역시 자만하면 안 됩니다.

혼합가정법의 형태는 다음과 같습니다. 그리고 예문을 보며 점검하도록 하세요.

If 주어 had + p.p.(과거분사), 주어 + would + 동사원형
과거 사실의 반대 가정(가정법 과거완료)   현재 사실의 반대 가정(가정법 과거)

✔ If you had listened to my advice then, you would be much happier now. 네가 그 때 내 말을 들었으면 지금 훨씬 행복할 텐데.

나만의 문장 쓰기

'내가 백만장자라면?'이란 주제로 2개의 문장을 만들어보세요.

❶ If I were a billionaire, _____

_____

_____

❷ If I were a billionaire, _____

_____

_____

나는 절대 데이트 상대를 바람맞힌 적 없어.

Never have I ever stood anyone up on a date.

여러분은 살면서 결코 한 번도 해본 적 없는 게 있을까요? 누군가는 보신탕을 먹어본 적이 없다고 할 수도 있겠고, 누군가는 미국에 가본 적이 없다고 할 수도 있겠습니다. 아마 다양한 대답들이 나올 것 같습니다. 그런데, 이렇게 경험에 대해 말할 때 '해본 적 있다' 또는 '해본 적 없다' 나아가서 '결단코 한 번도 해본 적 없다'와 같은 말들은 영어로 어떻게 표현할까요? 더불어 자신의 주장을 강조하려면 어떤 방법이 있을까요?

오늘의 문법 포인트
강조를 위해 부정어를 앞에 두는 문장 도치

stand up은 '누군가를 계속 서있게 하다'는 의미에서 발전하여 "데이트에서 상대방을 바람맞히다"라는 의미로 많이 쓰입니다. 오늘의 표현인 "Never have I ever stood someone up on a date." 이 문장의 원래 평서문 형태는 다음과 같습니다. 참고로 도치는 문장의 앞뒤 순서가 바뀐다는 말입니다.

✓ I have never ever stood someone up on a date.

하지만 부정어가 앞에 오면서 '결코 아니다'라는 것을 강조하는 표현이 되었습니다. 'Never have I'로 시작하는 재미있는 예문들을 정리해볼까요?

✓ Never have I ever had a speeding ticket. 나는 교통위반 딱지를 뗀 적이 없다.
✓ Never have I ever fallen in love at first sight. 나는 첫눈에 반한 적이 한 번도 없다.
✓ Never have I ever been sick on public transport.
  나는 대중교통을 이용하며 멀미를 한 적이 한 번도 없다.
✓ Never have I ever gone out with a friend's ex.
  난 한 번도 친구의 전 애인과 데이트 해본 적 없다.
✓ Never have I ever eaten leftover food from another table at a restaurant. 나는 레스토랑에서 다른 테이블에 남은 음식을 먹어본 적이 없다.

보충학습 ▶ 부정어가 앞에 오며 도치되는 문장 사례 더 보기

Little, Hardly, Scarcely, No sooner도 도치 구문을 만듭니다. 예문을 많이 준비했습니다. 하나씩 살펴봅시다.

✓ Little did I dream that I would succeed in this business.

내가 이 사업에 성공하리라고는 꿈에도 생각하지 못했다.

✓ Hardly had I arrived here when I was called back to the head office 100 kilometers away. 여기 도착하자마자 나는 100킬로미터 떨어진 본사로 호출되었다.

- -

✓ Not only did Kim send home large amounts, but he also saved money.

Kim은 많은 돈을 집에 보낼 뿐 아니라 저축도 했다.

✓ Hardly had Benn entered the room when his phone started ringing.

Benn이 방에 들어가자마자 전화기가 울렸다.

- -

✓ Scarcely had Peter started the journey when it started raining.

Peter가 여행을 시작하자마자 비가 내리기 시작했다.

✓ No sooner had we entered the room than they started clapping.

우리가 방에 들어가자마자 그들은 박수를 쳤다.

그녀는 모든 노력에도 불구하고 한마디도 할 수가 없다.

Despite all her efforts, she couldn't utter a single word.

살다보면 아무리 노력해도 이룰 수 없는 것들이 있지요. 이런 것들을 표현할 때는 '~에도 불구하고'라는 표현을 사용하게 됩니다. 영어로는 어떻게 표현할 수 있을까요? 그런데 여러분, "아무리 공부해도, 아무리 노력해도 영어 실력이 늘지 않는다."라고는 말할 수 없는 거 아시죠? 어학 실력은, 시간을 들여 노력한 만큼 늘어날 수밖에 없는 거예요. 영어 실력이 늘지 않았다고 느껴도, '~에도 불구하고'라는 표현을 사용할 일이 없어야 합니다. 오늘의 표현과 관련된 문법도 공부해봅시다.

오늘의 문법 포인트
전치사와 접속사의 구분

'~에도 불구하고'라는 뜻을 가진 despite이나 in spite of 뒤에는 명사나 명사에 준하는 동명사 등이 옵니다. 의미는 비슷하지만 although, though를 사용하면 그 뒤에는 주어+동사가 옵니다. 다음과 같이 공식으로 만들어볼 수 있습니다.

> although/even though 주어+동사 = in spite of the fact that 주어+동사

이 차이는 어디에서 비롯된 것일까요? 예문들을 먼저 봅시다.

✓ Sue and Jane are good friends despite the fact that they don't see each other very often. Sue와 Jane은 자주 만나지는 않지만 사이좋은 친구다.
Sue and Jane are good friends, although they don't see each other very often.

전치사와 접속사의 구분은 중요하지만 의외로 까다로워 영어에 익숙한 사람들도 헷갈리기 쉽습니다. 전치사인지, 접속사인지 정확히 구분해야 그 다음

에 오는 것이 문장이 될지, 명사가 될 지가 결정되고, 이를 구분할 수 있어야 바른 표현을 할 수 있기 때문입니다.

> ✓ **Although** the car was expensive, he bought it. 그 차가 비쌌지만 그는 그것을 샀다.
> ✓ We went out **despite(=in spite of)** the rain. 우리는 비가 왔지만 나갔다.

주의할 점! 의미는 비슷하지만 however는 전치사나 접속사의 역할을 전혀 하지 못하는 부사입니다.

> ✓ Mr. Lee passed the test. **However**, he didn't get the job.
> Lee는 시험에 합격했다. 하지만 그 일을 얻지 못했다.

전치사와 접속사의 구분

전치사		접속사
because of, owing to, due to, on account of	~때문에	because, since, as, now that
in spite of, despite	~에도 불구하고	although, though, even though
for, during	~하는 동안에	while
without, barring	~이 없다면	unless
in case of	~할 경우에 대비하여	in case (that)

다양한 접속사와 전치사를 활용한 문장을 많이 접하고, 자신만의 문장을 만들어 익히는 것이 중요합니다. 연습을 하다보면 둘의 차이를 좀 더 확실히 구분할 수 있게 될 겁니다.

대표적인 예로 given (=considering), provided (=if), providing (=if)을 들 수 있습니다. given은 considering과 같은 말로 뒤에 that절도 오고 명사도 올 수 있습니다.

✔ It was surprising the government was re-elected, given(접속사) that they had raised taxes so much.

그 정부가 세금을 많이 올렸다는 사실을 고려해볼 때 재선되었다는 것은 놀랍다.

✔ I'll buy everything you produce, provided the price is right.

가격이 적당하다면 당신이 생산한 것 전부를 사겠다. -provided는 접속사!

✔ Providing that you have the money in your account, you can withdraw up to $10,000 a day.

당신 계좌에 돈이 있다면, 하루 최대 만 달러를 인출할 수 있다. -providing은 접속사!

- -

주의! given은 전치사도 됩니다.

✔ Given her age (= considering how old she is), she's remarkably active. 그
녀 나이가 많다는 것을 고려하며 그녀는 굉장히 활동적인 거다. -given은 전치사!

나만의 문장 쓰기

다음의 접속사와 전치사를 활용하여 나만의 문장을 하나씩 만들어보세요.

❶ although

❷ in spite of

끝으로 중요한 말씀을 더 드리자면….
Last but not least.

드디어 <다시 시작하는 영어-그래머Grammar>에서 배우는 마지막 오늘의 표현입니다. 마지막이지만, 마지막이 아니라고 말씀드리고 싶습니다. '끝은 새로운 시작'이라는 말도 있잖아요? 학교를 졸업한 지 한참 지나 오랜만에 수업 듣는 기분으로 빡빡한 문법 설명과 함께 배운 표현들이었습니다. 이 책 한 권을 읽고, 또 읽고 반복해주세요. 반복의 힘을 믿으세요. 외국어 공부는 미련하게 공부하는 것이 정도(正道)입니다. 이 책이 너덜거릴 때쯤, 여러분은 새로운 단계로 도약하게 될 겁니다.

오늘의 문법 포인트
소리 장난(pun)

영국의 문호 셰익스피어(Shakespeare)의 대본은 수백 년 전 언어지만, 현대판 로미오와 줄리엣을 만들 때도 옛날 언어 그대로 대사를 합니다. 우리식으로 말하면 '나랏말싸미 듕귁에 달아 문자와를 서로 사맛디 아니할세'를 그대로 배우가 말해야 하는 겁니다. 왜 그럴까요? 셰익스피어가 쓴 글 자체가 음악이고, 시이기 때문입니다. 현대어로 고치면 그 말맛, 소리, 운율이 다 깨진다고 합니다.

영어에서 소리와 말맛은 매우 중요합니다. 영문법을 Grammar라고 하는데, 그 어원은 글을 잘 쓰는 법(writing)이라고 합니다.

Last but not least.(끝으로 중요한 말씀을 더 드리자면), 영어의 말맛을 아는 것이 영어 최고 수준의 경지라고 생각합니다. 그래서 마지막 챕터는 말맛을 느낄 만한 표현들로 정리해볼까 합니다.

우선 Last but not least.에도 소리장난이 들어가 있습니다. last, least 두 단어의 첫 스펠링이 l이고 끝부분이 –st입니다. 이 표현은 머리말에 자주 등장합니다. 누구누구에게 감사한다는 내용이 나오고, 마지막이지만 결코 비중이 적지 않게 누구에게 감사한다는 의미로 뒤에 문장이 이어져 나오곤 합니다.

✓ And last but not least, my parents — this book never would have been published without them! 마지막이지만 결코 적지 않게 나의 부모님께 감사드린다. 이 책은 그분들이 없었으면 출간되지 못했을 것이다.

✓ And now, last but not least, I'd like to present Bill Gates, who will give us some final words. 자 이제 끝으로 중요한 말씀을 더 드리자면 Bill Gates를 소개합니다. 이 분이 우리에게 마무리하는 말씀을 하십니다.

문안 인사할 때 상대방이 무사하기를 기원하면서 safe and sound란 표현을 쓸 수 있습니다. 이 표현도 첫 단어들이 s로 시작합니다.

✓ A week later, the hikers were found safe and sound. 1주일 후에 그 등산객들은 무사히 발견되었다.

live and learn이라는 표현이 있습니다. 이 표현도 단어들의 첫 스펠이 l로 같습니다. 제가 잠깐 이 표현을 활용해서 영작을 해보겠습니다.

"Live and learn!" It can be said when you hear or discover something that is surprising.

"Live and learn!" 이 표현은 여러분이 놀라운 사실을 듣거나 발견할 때 하는 말입니다.

I had no idea the two were related.

저는 그 두 단어가 관련이 있는 줄 전혀 몰랐습니다.

Oh well, you live and learn.

오래 살고 볼 일입니다.

이 표현은 그냥 단독으로 쓰이기도 합니다.

✓ You live and learn. 오래 살고 볼 일이다.
  Live and learn.

now or never도 재미있는 표현입니다. 지금 못하면 영영 못한다는 의미죠. 영영사전에 '지금이 기회다. 이번에 놓치면 영영 없다(at this opportunity, or never at all)'로 나옵니다. 이 표현도 단어들의 첫 스펠이 n입니다.

영어 공부도 지금이 아니면 영영 못할 지도 모릅니다. pun(말장난)이 들어간
명언으로 이제 정말 마무리해볼까 합니다.

"*Do your best and then God will do the rest.*최선을 다하세요! 그러
면 하나님이 나머지 일을 해줄 것입니다."

참고 문헌 References

- Ann Batko. (2008). When Bad Grammar Happens to Good People. Readhowyouwant.

- Steinmann, Keller, Martin Steinmann. (2000). Good Grammar made Easy. Random House.

- Morton S. Freeman, Edwin Newman. (1998). The Wordwatcher's Guide to Good Grammar & Word Usage. Medford Press (NJ).

- John E. Warriner. (1998). English Composition and Grammar. Harcourt Brace Jovanovich.

- L. G. Alexander, R. A. Close. (2013). Longman English Grammar. Longman.

- George Yule. (2009). Oxford Practice Grammar Advanced. Oxford University Press.

- John Sinclair. (1996). Grammar Patterns 1: Verbs. Harper Collins.

- Doff Adrian, Jones Christopher. (2007). Language Links. Cambridge Univ Pr.

- Michael Swan. (2017). Practical English Usage. Oxford University Press, USA.

- Ronald Carter, Michael J. McCarthy. (2006). Cambridge Grammar of English. Cambridge University Press.

- Angus Stevenson. (2007). Shorter Oxford English Dictionary. Oxford University Press.

- Randolph Quirk, Sidney Greenbaum, Geoffrey Leech, Jan Svartvik. (1972). A Grammar of Contemporary English. Addison-Wesley Longman Ltd.

- Merriam-Webster. (1995). The Merriam-Webster New Book of Word Histories. Merriam Webster Inc.

- Norman Lewis. (2014). Word Power Made Easy. Anchor Books.

- Randolph Quirk. (2010). A Comprehensive Grammar of the English Language. Longman

- 조성식. (1983). 영문법 연구 1~5권. 신아사.